Bernhard Frey
Mark W. Hampton
Michael Seitz-Hofer

Herisauer Weihnachtspredigten

Bernhard Frey
Mark W. Hampton
Michael Seitz-Hofer

Herisauer Weihnachtspredigten

1989 - 2011

Fromm Verlag

Impressum / Imprint
Bibliografische Information der Deutschen Nationalbibliothek: Die Deutsche Nationalbibliothek verzeichnet diese Publikation in der Deutschen Nationalbibliografie; detaillierte bibliografische Daten sind im Internet über http://dnb.d-nb.de abrufbar.

Bibliographic information published by the Deutsche Nationalbibliothek: The Deutsche Nationalbibliothek lists this publication in the Deutsche Nationalbibliografie; detailed bibliographic data are available in the Internet at http://dnb.d-nb.de.

Verlag / Publisher:
Fromm Verlag
ist ein Imprint der / is a trademark of
AV Akademikerverlag GmbH & Co. KG
Heinrich-Böcking-Str. 6-8, 66121 Saarbrücken, Deutschland / Germany
Email: info@frommverlag.de

Herstellung: siehe letzte Seite /
Printed at: see last page
ISBN: 978-3-8416-0374-6

Ausschnitt aus dem Weihnachtsmotiv auf der grossen Glocke der evangelisch-reformierten Kirche Herisau
Foto: Toni Küng

Liebe Leserin, lieber Leser

Zur vorliegenden Sammlung von Herisauer Weihnachtspredigten möchten wir Ihnen ein paar Informationen und Überlegungen weitergeben.

Die Predigten gehen zurück bis in das Jahr 1989. Den Anfang macht Paul Brütsch, der 1989 seine letzte Weihnachtspredigt gehalten hat. Mit Ausnahme der beiden Predigten der Spitalseelsorger wurden alle anderen Predigten in der evangelisch-reformierten Kirche Herisau gehalten.

Vielleicht vermissen Sie Beiträge von Pfarrpersonen, die Sie persönlich kennen. Das erklärt sich so: Obschon alle angefragt wurden, war es nicht allen möglich, eine Weihnachtspredigt beizutragen. Bei all diesen Anfragen war jedoch sehr eindrücklich zu erleben, wie schnell der Kontakt wieder hergestellt war und wie gut es war, sich wieder einmal zu unterhalten oder zu korrespondieren – es war, wie wenn eine Tür zu gemeinsamer Vergangenheit aufgegangen und diese ganz unvermittelt in die Stube der Gegenwart gekommen wäre. Diese gute Erfahrung macht deutlich, dass die Pfarrpersonen, die momentan in der Kirchgemeinde tätig sind, nicht für sich allein stehen, sondern gemeinsam mit den früheren in eine Kette bilden, die dann auch viel weiter zurückreicht als bis ins Jahr 1989. Die Predigtsammlung möchte deshalb auch Sie, die Lesenden, in diesen Zeitstrom hinein führen.

Warum müssen es aber Weihnachtspredigten sein? Weihnachten ist zunächst einmal ein aus allen Festtagen herausragendes Fest. An Weihnachten feiern wir, dass Gott Mensch geworden ist. Insofern ist es auch ein Fest, das vieles von dem, was wir glauben, auf den Kopf stellt: Was oben ist, ist auch unten, was niedrig ist, ist auch erhaben. Dieser Gedanke zieht sich wie ein roter Faden durch diese Predigten hindurch. An Weihnachten geht es sodann um die immer wieder neu zu stellende Frage: Wer ist dieser Jesus von Nazareth, der der Christus ist, für mich?

Weil die Weihnachtszeit im Grunde auch die Adventszeit einschliesst und bis in die Epiphaniaszeit hinein geht, finden Sie auch Predigten aus der Zeit vor und nach Weihnachten.

Mit diesem Bändchen sollen Sie aber nicht nur die Weihnachtsbotschaft vernehmen, sondern sich auch erinnern können: An die festlich geschmückte Kirche mit den Kerzen, an die spezielle Musik vielleicht, an ganz Persönliches, dann aber eben auch an Stimmen, die Sie zum Teil lange nicht mehr gehört haben und die durch diese Texte wieder präsent sind.

Wir hoffen, dass Sie beim Lesen den einen oder anderen Gedanken finden, der Ihnen die Augen für das Wunder der Menschwerdung Gottes öffnet, so dass Sie mit dem Weihnachtslied singen können: „Wenn ich dies Wunder fassen will, so steht mein Geist vor Ehrfurcht still; er betet an und er ermisst, dass Gottes Lieb unendlich ist."

Für den Herisauer Pfarrkonvent im November 2012, Bernhard Frey

Inhalt

Paul Brütsch, 24. Dezember 1989

Philipper 4,4-5
Freuet euch im Herrn allezeit; nochmals will ich sagen: Freuet euch! Lasset eure Freundlichkeit allen Menschen kundwerden! Der Herr ist nahe.

Liebe Gemeinde,
„Freuet euch! Nochmals will ich sagen: Freuet euch!“ Scheinbar ist es dem Apostel mit diesem Aufruf zur Freude ernst, sonst würde er ihn nicht wiederholen. Doch: Kann man Freude verlangen? Kann man Mitmenschen zur Freude auffordern? Freude lässt sich nicht befehlen. Es gibt nun einmal Zeitspannen, während denen wir uns nicht freuen können. Da liegt die Mutter von einigen Kindern auf dem Sterbebett. Die Kinder wissen noch nicht, wie ihre nahe Zukunft aussehen wird. Der Gatte blickt an eine dunkle Wand. Der Aufruf zur Freude verwandelt sich bei ihm in Hohn. Nein, er kann sich unmöglich freuen. - Da ist der Familienvater, der auf den 31. Dezember die Kündigung erhielt. Die Fabrik war nicht zu retten. Sie produzierten zu teuer. Sie lieferten ins Ausland und da waren sie einfach nicht mehr konkurrenzfähig. Überall werden Angestellte gesucht, aber nicht in seiner Branche, nicht Männer in seinem Alter. „Freuet euch! Nochmals will ich sagen: Freuet euch!“ Auch Paulus müsste zugeben: die Freude kann man nicht befehlen. Es braucht einen Grund zur Freude. Für die Freude muss man motiviert sein.

Das wusste auch der Apostel. Er kannte auch den Grund zur Freude. Das Motiv war ihm bekannt. Es war das Weihnachtsmotiv, oder für ihn das Wissen darum, dass Jesus die Seinen bald wieder aufsuchen werde. Weihnachten wird sich wiederholen, das war der Glaube der ersten Christen. Jesu Lebzeit, die Zeit zwischen Bethlehem und Golgatha, war für sie nur die erste Etappe seines Wirkens. Die zweite wird bald folgen, die Zeit des ewigen Friedens, der ewigen Verbundenheit mit Gott, die Zeit unter der Regentschaft Jesu. Darin haben sich die ersten Christen und mit ihnen der Apostel Paulus geirrt. Jesus liess auf sich warten, kam nicht und kommt nicht. Weihnachten kehrt nicht wieder. Die zweite Weihnacht blieb Wunschtraum.

So wurde seit der Zeit, da das Neue Testament geschrieben wurde, immer wieder bekräftigt. Doch so würde der Apostel Paulus und mit ihm viele Christen der Vergangenheit und der Gegenwart nicht argumentieren. Weihnachten wiederholt sich tatsächlich immer wieder. Nicht so, wie es sich die ersten Christen erhofft haben, nicht so, dass Jesus auf einer Wolke zu uns hernieder fährt, sondern in einer ganz anderen Weise. Und zwar nicht nur jedes Jahr am 24. Dezember, während der Christnachtfeier, oder beim heimeligen Familienchristbaum. Ja, Weihnachten ist ein Dauerzustand. Weihnachten ist vom 1. Januar bis zum 31. Dezember. Den Ausdruck „Der Herr ist nahe“ verstanden und verstehen viele Christen nicht mehr wie der Apostel zeitlich, sondern räumlich. Der Herr, Christus, oder sagen wir ganz einfach Gott, ist uns immer nahe, näher als der allernächste Mensch. Das ist nicht nur ein Satz des Glaubens, nicht nur ein Glaubensbekenntnis – das ist es auch – es ist aber viel mehr, es ist das Zeugnis vieler, die diesem Gott, diesem Jesus immer wieder begegnet sind.

Wiederum denke ich an Kinder, die mit ihrem Vater um das Leben ihrer sterbenden Mutter bangen. Hat sie eine fremde Hand berührt? Wieso können sie so ruhig bleiben? Sie blicken in das Gesicht der Sterbenden, die mit schwacher Stimme bezeugt, ich werde zum Heiland gehen und er wird für euch sorgen. Sie sagt das ohne Angst, die Kinder spüren ihren Glauben, die Gewissheit ihrer Aussage. Eine innere Freude bahnt sich den Weg zu den Herzen der Kinder. Das Sterben der Mutter schmerzt, aber sogleich spüren sie die Geborgenheit bei Gott, erfahren sie, dass der Glaube der Mutter trägt, nicht nur die Sterbende, auch die Kinder, auch den Gatten. „Freuet euch im Herrn allezeit! Lasst eure Freundlichkeit allen Menschen kundwerden! Der Herr ist nahe! Sorget euch um nichts, sondern in allem lasst im Gebet und Flehen mit Danksagung eure Bitten vor Gott kundwerden!“

„Freuet euch im Herrn allezeit!“ Ja, allezeit! Nicht nur am Weihnachtstag, nicht nur dann, wenn wir wie die Hirten die Engel singen hören: „Freuet euch im Herrn allezeit, denn der Herr, Gott, ist immer bei euch, nicht nur unter den Weihnachtslichtern, erst recht auch in der Finsternis.“ Gott ist oft dann am spürbarsten, wenn wir nicht mehr weiter wissen, wenn das Dach über uns zusammenfällt, wenn wir im Dunkeln wandeln. So dass Johannes in seiner Weihnachtsgeschichte bezeugen konnte: „Das Licht scheint in der Finsternis.“ Alle Zeit ist Weihnachten und der 24. Dezember will uns nur daran erinnern, immer wieder von neuem daran erinnern, dass Christen sich freuen sollen, weil sie allen Grund dazu haben.

Solche Freude kann aber nicht bei uns selber bleiben. Wir können im stillen Kämmerlein beten, wir können im stillen Kämmerlein auch weinen. Wer aber von der Freude, von der himmlischen Freude erfasst wird, der muss seiner Freude freien Lauf lassen. Die Freude reisst die Fenster auf. Die Freude muss von der Umwelt erkannt werden. Das wusste auch der grosse Apostel: „Lasst eure Freundlichkeit allen Menschen kundwerden!“ Oder wie man auch übersetzen kann: „Lasst alle Menschen eure Güte erfahren.“

Oft stöhnen wir unter den Geschenken, die an Weihnachten getauscht werden. Vielfach stehen diese Gaben in krassem Gegensatz zur Armut von Bethlehem. Wo sie jedoch aus der inneren Freude über den nahen Gott, den nahen Herrn stammen, da sind sie wahrlich notwendig. Die

Freude über die Nähe Gottes muss unsere Herzen und Hände öffnen. Unsere Mitmenschen sollen unsere Güte erfahren. Doch auch dies nicht nur zur Weihnachtszeit, sondern allezeit, zu jeder Zeit. Die Güte soll das Zeichen der Christen sein.

Liebe Gemeinde, wem die Augen für diesen nahen Gott geöffnet werden, der wird sich freuen, der wird seiner Freude und Güte Ausdruck verleihen, für den ist jede Nacht eine Christnacht.

Gebet: Vater im Himmel, wir danken dir, das du nicht nur den Menschen vor bald 2000 Jahren in Jesus begegnet bist, sondern auch uns begegnen willst, jeden Tag und während der Nacht. Lass uns seine Nähe spüren und hilf uns, dass wir mit unsrer Güte und Freundlichkeit Zeugen deiner Liebe werden. Amen.

Willy Hirzel, 26. Dezember 1990

Johannes 1,9 und 12,36

Das wahre Licht ist er, das Wort. Er kam in die Welt, um allen Menschen Licht zu geben. – Haltet euch an das Licht, solange ihr es habt! Dann werdet ihr Menschen, die im Licht leben.

Liebe Gemeinde,
allein die Tatsache, dass Weihnachten jedes Jahr erneut im Kalender steht, beeindruckt uns. Wir werden dieses Fest offenbar ganz einfach nicht los! Ob jemand gegen jede Feier und Feierlichkeit sich auflehnt, ob ein Anderer Weihnachten gesellschaftlich als Fest der Nächstenliebe auslegt, ob Menschen diese Tage gegen das Jahresende als Familienfest wiederentdecken und zusammen alt vertraute Lieder singen – im Grunde erwarten die Menschen noch immer etwas von Weihnachten! Die Voraussetzung für Weihnachten bleibt sich durch die sich wandelnden Zeiten hindurch unverrückbar die gleiche: nämlich der Mensch, wie er ist, wie er war, und wie er sein wird. Damit stellt sich zugleich ein Zusammenhang her zwischen dem, was einst zu Weihnachten geschehen ist, und dem, was viele Zeitgenossen heute immer noch von Weihnachten erwarten. Die Weihnachtsbotschaft gibt eine Antwort auf die unklare Sehnsucht der Menschen nach einem guten, vollen und ganzen Leben. Und diese Antwort besagt, dass unser Leben auf seinem tiefsten Grunde nicht Leistung, Arbeit und Werk ist, sondern etwas, das uns zuteil wird, eben Geschenk und Gnade. Diese Antwort benötigen wir jedes Jahr. Aber wir müssen sie uns durch das ganze Jahr hindurch jeden Tag neu vergegenwärtigen: Das Leben wird von Menschen nicht gemacht, sondern empfangen. Darum besteht Anlass zum Vertrauen. Erst wer das begriffen hat, hat das Grundlegende von Weihnachten begriffen. Das ist zwar nur eine erste, allgemeine Erkenntnis. Wer aber Weihnachten in

seinem Ursprung verstehen will, muss davon ausgehen. Das ist auch der Grund, warum wir Weihnachten nicht los werden.

Nicht zufällig gehören Kerzen und Licht zu diesem grossen Fest. Gefühl und Stimmung ihrerseits müssen mithelfen, Helligkeit zu verbreiten. Das will Weihnachten uns allen bedeuten: Dass dem Suchenden ein Licht aufgeht. Die beiden Worte aus dem vierten Evangelium lenken unsere Aufmerksamkeit in diese Richtung:

Das wahre Licht ist er, das Wort. Er kam in die Welt, um allen Menschen Licht zu geben. – Haltet euch an das Licht, solange ihr es habt! Dann werdet ihr Menschen, die im Licht leben.

Eigentlich wäre es uns in diesen Tagen ja leicht gemacht, das Licht zu erkennen. Wie ein viel tausendfaches Gleichnis leuchten Lichter auf in allen nur möglichen Formen. Aber die Sprache dieser Lichter wird weit herum nicht mehr verstanden. Es werden Zerrbilder von Weihnachten in den Raum gestellt, und das sind alles Zerrbilder, die nicht zum Guten dienen. Halten wir uns jetzt aber nicht an solche Entstellungen, sondern an den ursprünglichen Sinn. Vom Licht ist da die Rede, weil es um die Menschwerdung Gottes geht. Wo Gott den Menschen aufsucht, wird es hell. Was von ihm ausgeht und einem Menschen zuteil wird, ist Geist und Kraft und Licht. So wirkt Gott im Menschen. Das ist in aller Fülle und Dichte bei Jesus so gewesen. Das haben die Menschen um ihn so erfahren. Und das hat später in den verschiedenen Christuszeugnissen seinen Niederschlag gefunden.

Was die Weihnachtsgeschichte uns erzählt, ist der Ausdruck einer tiefen Wahrheit, die sich zunächst im natürlichen Geschehen einer menschlichen Geburt bündelt. Doch ist Weihnachten nicht bloss das Fest eines Kindes – Weihnachten ist auch das Fest einer Mutter. Die Mutter Jesu –

Maria und das Kind – wer könnte diese Gestalten im Kreis dieses Festes sich einfach wegdenken? Wir tun wohl gut daran, auch dies am Weihnachtsfest mit zu bedenken; denn der Gottesbegriff ist über Jahrtausende hinweg viel zu eng und einseitig bloss in ein Schema des Väterlichen und also Männlichen gefasst worden.

Im Gottesbild Jesu finden sich auch mütterliche Züge. Er verwendet zwar, wenn er von Gott spricht, besonders gern das Bild vom Vater, das ihm wohl am angemessensten erschien für das, was er als tiefe Gewissheit in sich trug. Jesus hat das nicht von sich aus erdacht, das ist ihm selber zuteil geworden in einem Geschehen innerster Erleuchtung. In diesem Zusammenhang reden wir Christen von Offenbarung. Diese Offenbarung besagt, dass Gott sich den Menschen zu wendet, dass er sich ihnen schenken will, dass er ihnen helfen will. Und Jesus ist der Vermittler solcher Offenbarung: Was er selber bekommen hat, gibt er an uns Menschen weiter. Er enthüllt uns, dass Gott nicht eng ist, wie wir Menschen das so oft sind. Er sagt uns, dass Gott nicht verdammt und verwirft, sondern liebt, und dass es darum nicht finster bleibt.

Weihnachten ist ein Fest des Lichtes. Wie es – zumindest in unseren Breiten – nach der Wintersonnenwende heller und wärmer wird, so soll es durch das, was von Jesus ausgeht, heller und wärmer werden in den Herzen der Menschen und dadurch auch in dieser Welt. Und weil das nicht ohne Liebe möglich ist, gilt uns Weihnachten eben auch als Fest der Liebe. Und gerade diese Liebe vereinigt uns das Väterliche und zugleich das Mütterliche in dem von Jesus uns bezeugten Gott, dem wir auch dort noch vertrauen dürfen, wo wir ihn in seinem Wirken nicht verstehen. Dieser Vater Jesu ist nun aber auch ein bergender, ein tröstender, ein erbarmender, und das sind die mütterlichen Züge im göttlichen Vaterbild Jesu.

Es ist nicht zufällig, dass den Hirten in heiliger Nacht der Zuspruch gilt: Fürchtet euch nicht! Weihnachten sollte es uns spätestens anschaulich machen, dass wir uns vor Gott nicht zu fürchten brauchen. Denn wenn wir die Zuwendung Gottes ernst nehmen, wenn wir uns in sie hinein geben, dann erfahren wir eine grosse Geborgenheit, die uns mitten in den Rätseln des Daseins eben von der Angst befreit. Wenn Gott Licht ist, dann ist auch das Dunkle einbezogen in dieses Licht und verliert so seine ängstigende Macht.

Das Wort Jesu ist wie eine Zusammenfassung von Weihnachten: Haltet euch an das Licht, solange ihr es habt! Dann werdet ihr Menschen sein, die im Licht leben!

Weihnachten will für uns das Fest der Zuwendung Gottes sein, die insofern zu Weihnachten geschieht, als sich in dem Kind, das geboren wird, Gottes immer währende Zuwendung zum Menschen vollzieht. Und in der Folge will Weihnachten aufrufen zur Zuwendung zueinander. Weil wir an diesem Fest ganz besonders der Zuwendung Gottes gewiss werden, sind wir umso eindringlicher gerufen zur Zuwendung zum Andern. Denn diese Zuwendung ist der neue Weg, der die Verheissung einer guten Zukunft in sich trägt, weil er allein dem Willen des Vaters entspricht.

Zuwendung zueinander, das meint doch: gelten lassen, helfen wollen, ermutigen. Das heisst auch: Geduld, Verständnis, Vergebung. Solche Impulse sind von Jesus ausgegangen; sie verkörpern deshalb nicht bloss den Weg menschlicher Zuwendung, also der Liebe. Sie sind auch ein Weg des Glaubens, dem alles möglich ist. Darum leben sie aus der Hoffnung auf das sich verwirklichende Gottesreich, wie es sich in der heiligen Nacht die Bahn gebrochen hat. Glaube, Liebe, Hoffnung sind die drei Sterne, die am Weg des Lichtes hell aufleuchten und uns die Richtung anzeigen. So aber ist das Fest der Zuwendung, in dem sich so viel

Zukunft abzeichnet, auch ein Fest der Freude. Last uns nichts gering achten, was als äusseres Zeichen zum Festlichen zählt, und mit dem wir selber Freude bereiten dürfen.

Weihnachten will uns auf den Weg Jesu stellen, auf den Weg geschenkter Zuwendung, zuversichtlichen Glaubens und getroster Hoffnung. Weihnachten will uns hineinführen in die tiefe Geborgenheit in Gott und seiner immer währenden Zuwendung. Weihnachten will uns trösten, denn Gott will uns froh machen und bereit zu allem, was gut ist und dem Leben dient. So werden wir im Licht leben; und dann dauert Weihnachten in Tat und Wahrheit nicht nur eine kleine Zeitspanne kurz vor dem Jahresende, sondern das ganze Jahr hindurch. Die überzeugende Anleitung dazu gibt uns der Evangelist in seinen beiden Worten:

Das wahre Licht ist er, das Wort. Er kam in die Welt, um allen Menschen Licht zu geben. – Haltet euch an das Licht, solange ihr es habt! Dann werdet ihr Menschen, die im Licht leben.

Dorothee Dettmers Frey, 8. Dezember 2002

Mt. 6,10

Dein Reich komme!

Liebe Gemeinde,
wie weit planen Sie im Voraus? Mein Mann und ich sehen uns jeden Montag vor der Arbeit die Termine für die kommende Woche an. Da wir einen gemeinsamen Terminkalender führen, gewinnen wir auch schnell den Überblick. Die jeweilige Tageseinteilung macht dann jeder für sich, immer mit dem Vorbehalt, dass auch Überraschendes noch Platz haben muss. Eingeplant sind auch die Zeiten, die ungeplant ablaufen sollen, etwa der freie Tag oder der Sonntagnachmittag. Über die Woche hinaus lichtet sich der Terminkalender. Je weiter voraus wir blättern, desto unbeschriebener sieht er noch aus. Nur die Ferien sind schon eingetragen, vielleicht eine Sitzung, die nur einmal im Jahr stattfindet oder ein wichtiger Geburtstag in der Familie. Und doch, auch wenn der Terminkalender nicht weiter reicht als bis ins nächste Jahr, gehen doch unsere Pläne weiter, möchten wir noch Reisen machen, die wir uns schon lange vorgenommen haben, und hin wieder einmal beschleicht mich schon jetzt der Gedanke an den Ruhestand, und ich frage mich, wo ich ihn erleben möchte. Und dann kehre ich mit meinen Gedanken zum Tagesgeschehen zurück, vergesse meine Überlegungen und verschiebe meine grossen Pläne auf später.

Liebe Gemeinde, das Unser Vater leitet uns an, hinauszublicken über die Tageseinteilung und den Terminkalender, es verlangt sogar von uns, noch weiter zu blicken als auf fernliegende Pläne. „Dein Reich komme", das ist der Blick in noch grössere Weiten, hinein in eine Zeit, in der es keine Zeitmessung mehr geben wird, in der alles neu sein wird, ganz anders ist und doch so wie es immer war. Und wenn wir beten

„Dein Reich komme“, dann bitten wir darum, dass das unendlich ferne, ewige, hierher kommt, hierher in die Welt in der wir leben, in der wir arbeiten, in der wir jeden Tag kleine und grosse Probleme lösen müssen, Belastungen aushalten sollen, Träume träumen von schönen Reisen, guten Partnerschaften, kleinen und grossen Erfolgen.

Das Unser Vater verlangt uns viel ab. Es beginnt nicht mit den Bitten um das tägliche Brot, die Schuld, und den Schuldigern, denen wir täglich begegnen. Es beginnt auch nicht mit unseren Plänen und mit unserem Lebenswillen, mit allem, was wir erbitten, erhoffen und erarbeiten wollen für unser persönliches Leben. Das Unser Vater beginnt mit Gott, mit seinem Reich, mit seinem Willen, mit dem Blick auf den Himmel.

Auch die Adventszeit verlangt uns viel ab. Und das ist zunächst etwas ganz anderes, als das, was wir meinen tun zu müssen in dieser Zeit. Advent, das heisst nicht vor allem die Tage zählen bis Weihnachten, um für das Fest alles vorbereitet zu haben. Advent bedeutet nicht nur, schon frühzeitig die Geschenke besorgen, damit die Auswahl noch gross genug ist. Advent, das sind auch nicht zuerst die vielen Weihnachtsessen und Weihnachtsfeiern, die schon lange geplant sind. Advent, das sind auch nicht nur die vielen Weihnachtsmärkte, die von überall her die Leute anlocken und das sind auch nicht zuerst die Briefe an Freunde und Verwandte, die mindestens einmal im Jahr einen lieben Gruss erhalten sollen. Advent bedeutet, sich aufrichten und den Blick in unendliche Weiten schweifen lassen, beten „Dein Reich komme“ und der Hoffnung Raum geben, dass hier einmal alles ganz anders werden wird.

Mache dich auf, werde Licht, denn dein Licht kommt und die Herrlichkeit des Herrn strahlt auf über dir. Denn siehe, Finsternis bedeckt die Erde und Dunkel die Völker; doch über dir strahlt auf der Herr, und seine Herrlichkeit erscheint über dir. Jes. 60,10

Advent bedeutet hinwegsehen über die tägliche Planung, die vielen Vorbereitungen für die Weihnachtszeit, erwarten und erhoffen, dass Jesus Christus wiederkommt, hierher, dass seine Herrlichkeit alles überstrahlt, dass sein Reich kommt, hinein in alles das, was uns täglich beschäftigt und uns daran hindert, uns aufzurichten.

Liebe Gemeinde, gerade jetzt, in der Zeit des Advents frage ich mich, ob es uns überhaupt gelingen kann, auf diese Weise Advent zu feiern. Kann es uns gelingen, uns aufzumachen? Kann es uns gelingen, uns zu lösen von dem, was unseren Blick gefangen hält, was uns nicht loslassen will? Können wir uns frei machen von den Sorgen, den vielen Verpflichtungen, ja, auch von den Plänen für die nächsten Jahre, den Träumen, die unser Leben beflügeln, die den hellen Horizont bilden über den täglichen Verstrickungen? Können wir Jesus Christus hier erwarten, oder nur das Eintreten einer eigenen, lang gehegten Hoffnung? Können wir Gottes Reich entgegensehen oder nur der Erfüllung unserer eigenen Träume? Können wir unseren Blick in unendliche Weiten richten, oder nur bis zum Weihnachtsfest und nur bis zum Horizont unserer eigenen Erwartungen?

Es kann uns nur gelingen, uns aufzurichten und uns frei zu machen, von allem, was zurückhält, wenn wir uns im Advent Zeit für die Erinnerung nehmen. Wir brauchen die Geschichten, die uns davon erzählen, wie es einmal war, als Jesus Christus gekommen ist. Wir brauchen die Berichte von den Zeichen, die erschienen sind und die alles Gewohnte durchbrachen, von den Wundern, die die Naturgesetze ausser Kraft setzten. Wir brauchen diese Berichte, damit wir eine Vorstellung haben können, von dem, wofür wir uns aufmachen. Es gelingt uns nicht, die Wiederkunft Christi zu erwarten, hier, in unserer Welt, wenn es nicht Erfahrungsberichte gibt, die uns das Unfassbare näher bringen. Wir brauchen diese Geschichten, die uns sagen, dass bei Gott nichts unmöglich ist. Wir brauchen diese Erzählungen aus dem Lukasevangelium, die davon berichten, wie die Worte des Engels zu Maria wahr wurden. Und wir müssen immer wieder neu davon hören, wie Elisabeth und Zacharias Gott dankten für die Geburt ihres Sohnes, nachdem sie schon alle Hoffnungen auf ein Kind begraben hatten. Und wir müssen immer wieder erfahren, welche Ereignisse die Geburt von Jesus begleiteten und Hirten und Könige herausgerissen wurden aus ihrem ganz normalen Leben.

Liebe Gemeinde, eines durchzieht alle Geschichten, die im Lukasevangelium die Geburt von Jesus ankündigen. Das ist eine grosse Freude. Grosse Freude war es, die Maria erfüllte, als sie wusste, was mit ihr geschehen sollte. Grosse Freude war es auch, die Zacharias mit seinem Lobgesang in Worte fasste. Grosse Freude war es auch, die der Engel den Hirten verkündigte. Und nur diese gleiche grosse Freude kann es sein, die uns fähig macht, uns aufzurichten, jetzt im Advent, die es uns gelingen lassen kann, uns zu lösen von allem, was uns festhält, von den vielen Vorbereitungen, die uns vor dem Weihnachtsfest gefangen nehmen, uns zu lösen, von allem, was unser Leben Tag für Tag bestimmt, dem Terminkalender, unseren Plänen, den nahen und den fernen Zielen und Träumen. Nur diese grosse Freude, diese Vorfreude lässt uns beten „Dein Reich komme“.

Gerade die Zeit vor dem Weihnachtsfest erfahren viele von uns als eine sehr spannungsreiche Zeit. Man sollte sich freuen und hat doch Angst, enttäuscht zu werden von denen, die nahe stehen, die wichtig sind. Die kleinen und grossen Zeichen der Zuwendung lassen unerwartet Gefühle aufbrechen. Erinnerungen aus der Kindheit tauchen wieder auf. Freude und Traurigkeit sind nahe beieinander. Der Verlust von Angehörigen und Freunden kommt überdeutlich ins Bewusstsein. Die Freuden des Advent sind zerbrechlich und schnell zu enttäuschen, wenn wir uns nicht aufrichten können und den Blick in die Ferne wagen können, in die Weiten des Reiches Gottes, wenn wir auf den Weihnachtsmärkten und Weihnachtsfeiern, bei den Festvorbereitungen in der Familie nicht beten können: „Dein Reich komme!“ Die Adventsstimmung ist schnell verflogen, wenn wir unser Herz an die Erwartungen und Wünsche hängen, die sich bis zum Weihnachtsfest erfüllen sollen, wenn wir nicht in der Gewissheit leben können, dass wir in jedem Jahr neu das Kommen Jesu Christi vorbereiten, das Kommen am Ende der Zeit, das Kommen, das schon heute oder morgen sein kann.

Liebe Gemeinde, wir wollen Gott bitten, dass er uns seine grosse Freude in Herz gibt. Wir wollen ihn bitten um die Freude, von der das Lukasevangelium berichtet, von der Maria singt in ihrem Lobgesang und die den Hirten verkündigt wurde. Wenn Gott uns seine Freude schenkt, dann kann es uns gelingen, Advent zu feiern, dann können wir uns aufmachen, uns aufrichten und beten „Dein Reich komme“. Wenn Gott uns seine Freude schenkt, dann ist sein Reich schon mitten unter uns und dann können alle Zeichen des Advent, die Kerzen, die goldenen Engel, die Musik, zu einem Zeichen seiner Liebe werden. Zu Zeichen einer Liebe, die uns nie enttäuschen wird. AMEN.

John Vischer, 25. Dezember 2002

Der Abendmahlgottesdienst wird musikalisch umrahmt vom Evangelischen Singkreis. Der Predigt gehen vier Schriftlesungen voraus, die jeweils durch ein Chorstück unterbrochen werden.

Lesungen: Jes. 60,1-3; Jes. 9,1-6; Ps. 24,1-10; Offb.11,15-17

Luk. 2,15-20

Liebe Gemeinde. In den vier Lesungen, die wir in den vergangenen Minuten gelesen und gesungen und angehört haben, ist von Grossem die Rede. Von Herrlichkeit Gottes ist da die Rede, von unumschränkter, durch nichts getrübter Herrschaft des Höchsten, von Wunderbarem, das alle Völker erkennen werden und so weiter. Man muss wohl auf solche Ausdrücke zurück greifen, wenn man das Weihnachtsereignis beschreiben will. Wenn Gott, der Schöpfer des Himmels und der Erden, zur Welt kommt, dann ist eine Herrlichkeit da, welche alle menschliche Herrlichkeit weit überstrahlt; ein Friede, der „höher ist als alle Vernunft"; ein Licht, das auch die dunkelste Dunkelheit aufhellt; dann ist da etwas offenbar geworden, das alle Völker erkennen werden als „die Herrlichkeit Gottes".

Wir wollen nun in diesem letzten Text (Luk.2,15-20) unsere Gedanken der einen Frage zuwenden, die uns das Leben doch immer wieder unter die ganze Weihnachtsherrlichkeit mischt: *worin* ist denn nun aber diese Herrlichkeit *eigentlich da?!* Das ist doch die Kernfrage, liebe Gemeinde, am heutigen Weihnachtstag! Reicht diese Herrlichkeit hinein in *mein* Leben – hier und jetzt? Reicht sie hinein in das, was mich umtreibt, mir den Schlaf raubt und mein Herz mit Angst und Sorgen erfüllt? Reicht sie hinein ins Leben, und macht sie alle menschliche Herrlichkeit klein und unbedeutend, so dass ich nicht daran hängen muss; und macht dieses

Licht das menschlich Verachtete, Geringe und Vergessene so gross und hell, dass ich es um Jesu willen ins Herz schliessen kann? Das ist doch die Kernfrage!

Das Licht des grossen beleuchteten Tannenbaums oben am Höhenweg ist zwar wunderschön. Aber was soll es mir, wenn ich in *meinem* Haus im Dunkeln sitze?! Reicht das Licht Gottes, wovon wir heute reden, weiter, - reicht es in mein Haus?

Darum also dieses Wort Gottes. Es gibt uns Antwort. „Lasst uns nun gehen nach Bethlehem und die Geschichte sehen, die da geschehen ist, die uns der Herr kundgetan hat." Woanders also als in „Bethlehem" sehen wir die Herrlichkeit Gottes, seinen Christus, die „grosse Freude, die allem Volk widerfahren wird", nicht. Da müssen wir hin. Da erfassen wir das Licht, weil wir da vom Licht erfasst werden. Dieses Kind soll das Licht sein und die Herrlichkeit Gottes, die meine Dunkelheit aufhellt und mir den Weg weist im Leben und im Sterben. Hier ist der, von dem Gottes Wort bezeugt: "Ich bin das Licht der Welt; wer mir nachfolgt, wird nicht in der Finsternis wandeln, sondern wird das Licht des Lebens haben." (Joh.8,12).

Was ist das Kennzeichen dieses Lichtes? Woran erkennen es die Hirten? Woran erkennen es alle, die im Glauben den Weg nach Bethlehem gehen? Sie sollen es daran erkennen, dass das Kind in Windeln gewickelt ist und in einer Krippe liegt!

Das Kennzeichen der Herrlichkeit Gottes ist Armut und Hilflosigkeit und Niedrigkeit! Aber zu diesem Kennzeichen gehört das Wort der Engel, das Wort von der erfüllten Verheissung Gottes: „Euch ist heute der Heiland geboren, welcher ist Christus, der Herr." Deshalb heisst es dann in unserem Text: „Als sie es aber gesehen hatten, breiteten sie das Wort aus, das zu ihnen von diesem Kind gesagt worden war."

Das also gehört für die Hirten, für die Weisen, Maria und für alle Übrigen zusammen für ihren Weg zur Herrlichkeit Gottes, für ihren Weg zum Licht: Windeln und Krippe sowie das Wort, das ist der Christus, der verheissene Retter von Gott her, ja ER selbst, der zu euch kommt.

Seht, ohne dieses Wort sähen sie nichts als Armut, Niedrigkeit und Hilflosigkeit. Sie hätten keinen Anlass, auf ihre kärglichen Weiden zurückzukehren in ihr hartes, von Schwierigkeiten beladenes Leben mit dem Lobpreis Gottes im Herzen und auf den Lippen. Aber ohne das Zeichen von „Windel und Krippe", nur mit dem Wort von der verheissenen Herrlichkeit Gottes würden sie wohl diese Herrlichkeit auch nur verkehrt verstehen können: etwa so, dass Gott jedem einen Klumpen Gold schenken täte und ein langes, von allen Feinden befreites, sportlich gesundes Leben obendrauf.

Aber nun gehört beides zusammen. Sie sehen die Armut des Christus und seine Hilflosigkeit und seine grosse Niedrigkeit: durch das Wort lernen sie darauf achten, dass der Weg des Lichts ein Leidensweg ist und sein muss von Anfang an; durch das Wort lernen sie darauf achten, dass sein Weg von Anfang an ein Gang ans Kreuz ist; sie lernen darauf achten, dass der Christus am Ende seines Weges noch immer dieselben Zeichen seiner Herrschaft trägt: von Menschenhänden in Tücher eingewickelt, ausgestossen in einer Höhle liegend, die für einen anderen bestimmt war.

Das Wort lehrt sie erkennen, dass gerade seine Armut und seine Hilflosigkeit am Kreuz der ganze Reichtum der Herrlichkeit Gottes ist; es lehrt sie erkennen, dass der Christus gekommen ist, um *ihre* Armut und *ihre*

Hilflosigkeit zu tragen; dass er gekommen ist, die Armut ihrer Sünde zu überwinden, an ihrer Stelle das Gericht und den Tod zu tragen und Gnade und ewiges Leben an dessen Stelle zu setzen; es lehrt sie erkennen, den Armen, Geringen, gesellschaftlich Verstossenen, Unmündigen, Sündern und Heiden zu zeigen, dass Gottes besondere Liebe und Aufmerksamkeit gerade ihnen gilt, und nicht den Starken, Mächtigen, moralisch Untadeligen und Klugen.

Das Wort, das sie glaubend annehmen, lehrt sie den Christus erkennen als den Reichtum Gottes, der ihnen in ihr armes und hilfloses Leben hinein geschenkt wird; denn es lehrt sie angesichts auch der Verzweiflung, der Schuld und des Zweifels mit Gewissheit zu sagen: Gott hat sich in seiner Liebe meiner angenommen – in Jesus Christus, in seiner Geburt, seinem Kreuz und seiner Auferstehung in Herrlichkeit. Amen.

Regula Menges-Bachmann, 5. Dezember 2004

Wie schön leuchtet der Morgenstern

(Reformiertes Gesangbuch 653)

Der Evangelische Singkreis, der den Gottesdienst mit gestaltete, hatte für diesen 2. Sonntag im Advent eine Komposition von Emil Heer (1926-94) eingeübt, eine Choralkantate zum Lied „Wie schön leuchtet der Morgenstern". Das Lied geht in Text und Musik auf Philipp Nicolai zurück, einen lutherischen Theologen, Pfarrer und Kirchenliederdichter, der 1556-1608 in Deutschland lebte. Der ganze Gottesdienst wurde um dieses Lied herum gestaltet. In der Predigt musste notwendigerweise eine Auswahl getroffen werden aus dem sehr dichten Text mit seinen zahlreichen Anspielungen auf biblische Stellen.

In drei Predigtteilen möchte ich Sie einladen, mit mir nachzudenken über das Lied „Wie schön leuchtet der Morgenstern". Die Wortteile werden unterbrochen durch die Choralkantate von Emil Heer.

„Nach dir wallt mir mein Gemüte, ewge Güte, bis es findet dich, des Liebe mich entzündet." Zugegeben, die Sprache ist ein wenig altertümlich. Die Stimmung in dem Lied aber nehmen wir trotzdem sogleich wahr. Es ist ein Liebeslied, das Philipp Nicolai singt. Immer neue Namen findet er für das geliebte Wesen: Morgenstern oder Kleinod, Himmelsschein, Sonne, Wonne und anderes mehr. „Lieblich, freundlich, schön und prächtig" ist das angebetete Gegenüber - die überschwängliche Aufzählung guter Eigenschaften will kaum enden. So spricht und singt ein verliebter Mensch.

Gewiss, das kennen wir: in der ersten Verliebtheit ist alles neu, lieblich, freundlich - wir können die Worte Nicolais verwenden - schön und prächtig. Und wehe, jemand sagt dann über die angebetete Person etwas anderes! Auch dass kein Name das ausdrücken kann, was der verliebte Mensch seinem Gegenüber an Liebevollem sagen will, gehört zum Verliebtsein. Immer neue Namen wollen gefunden werden, um das zu benennen, was an Ausserordentlichem, an absolut Schönem widerfährt. Bloss: auch die Fortsetzung kennen wir, aus eigener Erfahrung, aus Anschauung, auch aus psychologischen Studien: Die Zeit der Verliebtheit geht vorbei; das, was wir Realität nennen, setzt sich durch. Welche Namen finden die Zwei dann noch füreinander? Können sie einander weiterhin liebevoll ansehen, liebevoll zueinander und voneinander sprechen? Gelingt es ihnen noch, ein Lied zu singen? Wir wissen um den Alltag, auch in einer Partnerschaft. Wie verliebt muss Philipp Nicolai gewesen sein, einen solchen Text zu dichten! Aber - so denken inzwischen vielleicht einige von Ihnen - das ist ja kein gewöhnliches Lied. Es steht in unserem Kirchengesangbuch, und von Johann Sebastian Bach wurde es zum Beispiel als Thema für eine Festtagskantate verwendet. Wir haben es doch mit einem religiösen Lied zu tun.

Tatsächlich finden sich im Lied auch noch andere Namen für das geliebte Du – ich habe sie vorhin bewusst unterschlagen: guter Hirte, Davids Sohn, König auf dem Gnadenthron, Sohn Gottes, Brot des Lebens, Gottesglanz, Herr, starker Held, Herr Jesu schliesslich und Gott Vater. All das sind Anreden in dem Lied. Das Liebeslied geht Jesus an, Gott.

In immer neuen Formulierungen wird der Christusliebe Ausdruck verliehen, und es entsteht der Eindruck, dass auch Nicolai immer neu, und doch schliesslich noch immer unbefriedigend sich müht, eine Sprache zu finden für das, was ihm an Ausserordentlichem, an absolut Schönem widerfährt. So gross ist seine Liebe.

Auch in religiösen Dingen scheint es mir ratsam, die Realität nicht aus den Augen zu verlieren. Der Verstand ist durchaus eine Gabe Gottes und soll von uns gebraucht werden. Mir wird es unheimlich, wenn jemand gar schwärmerisch von seiner neuen Religiosität erzählt. Ob sie sich im Alltag wird bewähren können, in Schwierigkeiten und Traurigkeiten, dann, wenn es nicht so offensichtlich ist, dass auch Gott die entsprechende Person liebt, nicht nur diese ihn...? War Nicolai ein solcher Schwärmer, dessen Gottesliebe im Alltag dann nicht bestehen konnte? - Im Gegenteil!

Als noch nicht dreissigjähriger Pfarrer im Ruhrgebiet wurde er, wie bereits sein Vater, im Rahmen konfessioneller Kämpfe vertrieben, fand dann bei einer Gräfin eine Anstellung als Erzieher ihres Sohns und wurde schliesslich Pfarrer in Unna. Kaum hatte er die Stelle angetreten, kam es in der Gegend zu einer schweren Pestepidemie. In dieser Zeit dichtete und komponierte er das Lied „Wie schön leuchtet der Morgenstern“.

„Wie schön leuchtet der Morgenstern“ - er leuchtet umso mehr, als die Nacht so dunkel ist. Beim aufkommenden Tageslicht verblasst er, bis er schliesslich gar nicht mehr wahrgenommen wird. „Wie schön leuchtet der Morgenstern“ - er leuchtet, gerade weil der Alltag so dunkel ist. Er leuchtet „voll Gnad und Wahrheit von dem Herrn“, in einer Zeit und Umgebung, in welcher tatsächlich alles andere, nur nicht Gnade und Wahrheit erfahren wurde. Er leuchtet, trotz allem. Deshalb das Liebeslied!

Nein, er ist keineswegs schwärmerisch in erster Verliebtheit, schon gar nicht naiv, dieser Philipp Nicolai. Er beginnt mich zu interessieren: Wie kommt dieser Mensch mit seinen schweren Erfahrungen dazu, ein solches Lied zu schreiben? Wie kommt es, dass er überhaupt das Singen nicht verlernt hat, seinen Glauben nicht? - Ich möchte mehr erfahren darüber, was ihm solche Gewissheit gab.

Im folgenden ersten Teil der Choralkantate singen wir alle die 1. Strophe zusammen mit dem Singkreis, so wie sie im Gesangbuch im Lied 653 steht. Die 2. Strophe wird dann nur vom Chor a cappella vorgetragen.

1 Wie schön leuchtet der Morgenstern, voll Gnad und Wahrheit von dem Herrn, aus Juda aufgegangen.
O guter Hirte, Davids Sohn, mein König auf dem Gnadenthron, hast mir mein Herz umfangen:
lieblich, freundlich, schön und prächtig, groß und mächtig, reich an Gaben, hoch und wunderbar erhaben.

2 O Kleinod, dem kein Kleinod gleicht, Sohn Gottes, den kein Lob erreicht, vom Vater uns gegeben:
Mein Herz ist voll von deinem Ruhm; dein köstlich Evangelium ist lauter Geist und Leben.
Dich, dich will ich ewig fassen, nimmer lassen, Brot des Lebens; dein' begehr ich nicht vergebens.

Weshalb hat Philipp Nicolai mit seinen Erfahrungen das Singen nicht verlernt? - Er hat ein Kleinod gefunden, schreibt er, dem kein Kleinod gleicht. Etwas ganz Wunderbares, das ihn erfüllt und das ihm alles bedeutet. Es ist ein Geschenk Gottes, *das* Geschenk Gottes an die Menschen, und sein „Evangelium ist lauter Geist und Leben". Es ist der Sohn Gottes, und Nicolai nennt ihn mit den eigenen Worten von Jesus „Brot des Lebens". Gottes Sohn ist uns gegeben - an Weihnachten erinnern wir uns daran. Und mit Gottes Sohn ist uns das Leben gegeben. Mit ihm, durch ihn lässt es sich leben - das ist die wesentliche Erfahrung Nicolais in all seinen schweren Erfahrungen. Und das ist ihm genug.

Bewundernswert, eine solche Überzeugung! Mit ihr lässt sich Schweres offenbar durchstehen, Verfolgung und Pest, der drohende Tod. Bewundernswert. Allerdings: woran hätte sich Nicolai denn sonst festhalten sollen? Wenn auf Menschen kein Verlass ist, wenn das Leben von Tag zu Tag ungewiss ist - da braucht es einen Halt, den Glauben daran, dass trotz allem Gott die Übersicht behält, alles in Händen hat, für die Menschen letztlich das Leben will. Nur so ist fürs Weiterleben Kraft.

Uns heute umgibt eine ganz andere Situation als damals Nicolai. Auch uns kann zwar die Angst plagen, was morgen sein wird, auch Krankheiten gibt es, manchmal ohne Chance auf Heilung, und den Tod gibt es sowieso. Gut, dann auf eine Überzeugung zurückgreifen zu können, einen Halt zu haben, glauben und sich an Gott halten zu können.

Trotzdem ist unsere Situation aufs Ganze gesehen anders. Unsere äusseren Möglichkeiten sind grösser geworden, schier unermesslich, kann es etwa mit Blick auf die medizinische Forschung scheinen. Wir werden auch nicht verfolgt, jedenfalls vordergründig nicht, solange wir nicht aus der Spur laufen. Und schauen wir uns die Adventszeit an, in der wir auf das Geschenk Gottes an uns Menschen warten: Die vielen Lichter überall - gewiss, sie sind schön fürs Gemüt. Auch die Süssigkeiten und die besondere Stimmung möchte ich nicht missen. Aber in der vorweihnächtlichen Fülle das auszulesen, was „lauter Geist und Leben" ist, was „Brot des Lebens" ist, was der Seele und dem Geist Nahrung gibt, das fällt uns heute wohl schwerer als seinerzeit Nicolai. Was brauchen wir Brot, wenn es so viele Kuchen gibt...
Nicht einfach, sich in Nicolais Erleben hineinzufinden!
Nicolai wünscht sich von Jesus, dass er in sein Herz Liebe giesse, dass er Teil an dessen Leib sein könne und so frisches, kräftiges Leben habe. Er will in Verbindung sein mit seinem Gott, damit er so erst wirklich lebt.

Wie kann diese Verbindung zustande kommen? - Gott schaut freundlich auf ihn, sagt Nicolai. Er ist ein Gott, der Gnade walten lässt. Zwar war in der Realität, die Nicolai umgab, wenig davon sichtbar. Trotzdem: „Auf dein Wort komm ich geladen." Nur auf dein Wort. So wie im Neuen Testament Menschen nur auf das Wort von Jesus hin es mit ihm gewagt - und gewonnen haben! Nicht eine Frage der Beweise ist es, ob von Gott her Leben erfahren werden kann, sondern eine Frage des Wagnisses, des Ausprobierens, des Vertrauens und des Hoffens. Darin liegt alles. Deshalb ist Nicolai auch das Wort von Jesus wichtig; er nennt es zuerst. Aus dem Wort, aus der Bibel, kommt ihm Licht. Dann spricht er vom Geist von Jesus. Er ist nicht fassbar, sondern er ergreift die Menschen. Es ist ein Geist der Phantasie, der neu eröffneten Lebensmöglichkeit, vor allem der Liebe. Und Nicolai erwähnt Leib und Blut von Jesus, dass er das Leben der Menschen bis zum Äussersten teilt, indem er für die Menschen gestorben ist am Kreuz, auch dass wir mit Jesus Gemeinschaft haben können, indem wir Abendmahl feiern. Auf all diese Weisen kann die Verbindung mit Gott zustande kommen. Auf all diese Weisen kann erfahren werden, dass Gott die Menschen liebt. Nicht nur damals im 16. Jahrhundert, auch bei uns.

Die folgende 3. Strophe der Kantate spielt die Orgel solo, die 4. Strophe hören wir vom Singkreis und der Orgel zusammen.

3 O giesse tief ins Herz hinein, du Gottesglanz und Himmelsschein, die Flamme deiner Liebe.
Durchdring mich, dass ich ewig bleib, o Herr, ein Glied an deinem Leib in frischem Lebenstriebe.
Nach dir wallt mir mein Gemüte, ewge Güte, bis es findet dich, des Liebe mich entzündet.

4 Von Gott kommt mir ein Freudenlicht, wenn mich dein heilig Angesicht mit Freundlichkeit anblicket.
Herr Jesu, du mein trautes Gut, dein Wort, dein Geist, dein Leib und Blut mich innerlich erquicket.
Nimm mich freundlich in die Arme; Herr, erbarme dich in Gnaden.
Auf dein Wort komm ich geladen.

Philipp Nicolai hat - trotz allem Schweren - erfahren, dass Gott ihn liebt. Deshalb sein Liebeslied. Deshalb auch sein Jauchzen: „Freude, Freude!" Je mehr ich mich in sein Lied vertiefe, desto stärkeren Eindruck macht Nicolai auf mich. Das wünschte ich mir, auch in meiner ganz anderen Situation: so froh sein zu können. Nicht eilen von Anlass zu Anlass in dieser Zeit des Advents, nicht das muss ich noch und dieses auch. Mich auch nicht erdrücken lassen von den Problemen weltweit, die zu lösen so dringend wären und denen gegenüber ich mich doch ohnmächtig fühle. Nicht mich gefangen nehmen lassen von meinem eigenen kleinen Alltag mit seinen Sorgen. Inwendig froh sein, das möchte ich, und diese Freude auch nach aussen tragen. Im Advent, und auch sonst. Darin, meine ich, läge nämlich Glück, „lauter Geist und Leben", wie Nicolai sagen würde.

Wie können wir denn froh werden? - So vielleicht: „Spielt unserm Gott mit Saitenklang und lasst den lieblichsten Gesang ganz freudenreich erschallen." Und: „Singet, springet, jubilieret, triumphieret, dankt dem Herren." Nicolai wird nicht müde, zum Singen und Spielen und Tanzen aufzurufen, und indem er dazu ermuntert, tut er es auch schon. Er singt - und die Freude ist da. Nachahmenswert!

Und: In den Dank an Gott, da gehört die Freude zuallererst hin. Gott ist ja der Grund zur Freude. Vergessen wir das nicht, auch dann nicht, wenn es uns gut geht. Indem wir sie vor Gott dankend aussprechen, ist die Freude als uns geschenkt in unserem Bewusstsein und bleibt lebendig.

Bei sich selbst aber - das schliesslich auch - weiss Nicolai, dass Christus „das A und O, der Anfang und das Ende“ ist. So viel bedeutet er Nicolai. In diesem Bewusstsein und aus dieser Verbindung lebt er seinen Alltag. Er spricht zwar vom Paradies und denkt dabei an ein ewiges Leben, in das Gott ihn nach seinem Tod aufnehmen wird. Er wartet darauf „mit Verlangen“. Ansatzweise aber - da bin ich mir sicher - hat Nicolai das Paradies für sich auf der Erde schon erfahren. Nur so ist es möglich, dass wir von ihm ein Lied so voller Geist und Leben, voller Freude geschenkt bekommen haben.

Wir hören zum Schluss die 5. Strophe von der Orgel gespielt, die beiden letzten Strophen singt der Chor.

5 Gott Vater, Herr, du starker Held, du hast mich ewig vor der Welt in deinem Sohn geliebet.
Dein Sohn hat sich mit mir vertraut; mein Herz auf ihn mit Freuden schaut. Was ist’s, das mich betrübet?
Freude! Freude! Himmlisch Leben wird er geben mir dort oben:
Ewig soll mein Herz ihn loben.

6 Spielt unserm Gott mit Saitenklang und lasst den lieblichsten Gesang ganz freudenreich erschallen.
Ich will mit meinem Jesus Christ, der mir mein Ein und Alles ist, in steter Liebe wallen.
Singet, springet, jubilieret, triumphieret, dankt dem Herren. Groß ist Gott, der Herr der Ehren.

7 Wie bin ich doch so herzlich froh, dass Christus ist das A und O, der Anfang und das Ende.

Er wird mich doch zu seinem Preis aufnehmen in das Paradeis;
drauf fass ich seine Hände.
Amen, Amen. Komm, o Sonne, meine Wonne, bleib nicht lange:
Deiner wart ich mit Verlangen.

Rainer Ebeling, 24. Dezember 2005

Der Singkreis singt aus der Böhmischen Hirtenmesse von Jan Jakub Ryba.

Lesungen: Lukas 1, 46-55, Lukas 2,1-20

Liebe Gemeinde,
Weihnachten berichtet von dem Geheimnis, dass Gott Mensch geworden ist. Gott ist aus seinem Himmel aufgebrochen, hat sich auf den Weg gemacht und ist bei uns angekommen. Das bekennt auch einer der Ehrentitel, die man Jesus gegeben hat: Emanuel – Gott mit uns! Gott wurde Mensch - damit wir ihn in seiner Liebe, in seinem Wesen erkennen. In der Weihnachtsgeschichte ist es aber nicht nur Gott, der sich auf den Weg gemacht hat – und der bei den Menschen angekommen ist. An jenem historischen „Weihnachten" waren Menschen unterwegs. Von überall waren sie aufgebrochen. Und diese Menschen waren auch angekommen. Maria und Josef in Bethlehem, die Hirten, später auch jene Weisen, die zuerst im Palast bei Herodes anklopften. Sie alle sind in Bethlehem bei der Krippe angekommen, sie sind bei Gott angekommen. Und dass Gott und Menschen sich treffen löst Jubel und Freude aus. Hier gehen Erwartungen in Erfüllung.

Sie haben sich alle heute Abend auf den Weg gemacht – und Sie sind hier in der Kirche angekommen. Vorher – früher an diesem Abend - haben Sie vielleicht darauf gewartet, dass jemand bei Ihnen ankommt: die Kinder, die Eltern, Verwandte. Der Moment des Ankommens ist immer ein besonderer. Und dann ist es entscheidend, dass man auch ganz da ist! Und nun sind wir alle hier in der Kirche bei Gott angekommen. Was heißt das aber: bei Gott ankommen?

Zuerst dies: Es wird auch für uns wahr, was der Ehrentitel von Jesus aussagt: Gott mit uns! Nun kann man einwenden: das mag ja stimmen, dass Gott mit uns und bei uns ist, - aber was nützt es uns, wenn wir nichts davon verspüren? Woran erkennen wir, dass Gott bei uns ist, so, dass wir auch glauben?

Die Hirten, die damals in Bethlehem bei Maria, Josef und dem Kind ankamen, hatten eine Engelsbotschaft. Der eine Teil dieser Botschaft stimmte: ein neugeborenes Kind, Windeln, Futterkrippe. Dann muss aber auch das zweite stimmen, nämlich das, was über dieses Kind gesagt worden ist: er ist der kommende Retter, er ist der „Gott mit uns".

Wir haben bei den Hirten zwei Erfahrungen: Gott kommt zu ihnen durch seine Engel. - Sie begegnen sich. Und die Hirten kommen zu Gott – dem Kind in der Krippe. Und auch hier kommt es zu einer Begegnung. Und in beiden Begegnungen ist am Ende eine große Freude.

Wir fragten, woran wir erkennen, verspüren, dass Gott auch bei uns ist, dass wir bei ihm angekommen sind. Hier ist also ein Hinweis: da, wo seit der Geburt Jesu Gott und Mensch einander treffen, entsteht grosse Freude.

Gibt es noch etwas, woran wir erkennen, dass wir bei Gott angekommen sind? Schauen wir einmal auf Maria: sie bewegte alles, was sie hörte, in ihrem Herzen. Das, was ihr von Gott gesagt wurde, berührte sie in ihrem Inneren. Sie sann darüber nach. Da werden Gedanken angestoßen, da sind Gefühle, die bewegen. Und das ist ja noch mehr als das Glück, das die junge Mutter kurz nach der Geburt ihres ersten Kindes durchlebt. Die Worte von Gott berührten das Herz von Maria.

Was bewegt unser Herz? Es gibt viele Dinge, die uns beschäftigen, manches erfreut, anderes versetzt in Angst und Sorge. Manchmal ist es die Arbeit und manchmal sind es die Kinder, die einen nicht schlafen lassen. All das berührt uns noch in unserem Innersten, existentiell. Und dann kann es passieren, dass uns ein ganz tiefes Gefühl förmlich durchströmt. Das können nicht Sentimentalitäten sein. Ich weiß, wenn Gott mein Herz berührt, dann kann es mir passieren, dass Tränen fließen. Aber, aber Gott hat seine Hand auf etwas gelegt, hat einen Gedanken seiner Liebe in mir lebendig werden lassen, in Bewegung gesetzt. Und dann erlebe ich immer wieder, wie solch ein Gedanke von Gottes Liebe mich begleitet und bewegt. Ich bin bewegt von dem Geheimnis: Gott mit uns.

Schließlich möchte ich noch ein drittes Zeichen teilen, an dem wir die Wahrheit ablesen können, dass Gott bei uns hier und heute angekommen ist und wir bei ihm. Es ist der Zerbruch.

Es ist eigenartig, dass sich Gott mit Vorliebe den geringen Leuten, den abgeschobenen zu erkennen gegeben hat, und weniger den großen und einflussreichen Persönlichkeiten. Gott ist bei denen, die an sich selbst oder an dieser Welt in irgendeiner Weise zerbrochen sind. Maria sagt: Er hat hingeschaut auf meine Niedrigkeit. Und ist es nicht auch eigenartig, dass wir Menschen in den Krisen Gott suchen? Jedoch, wann immer wir nach Gott fragen, ihn suchen, bedeutet dies noch nicht, dass wir bei ihm angekommen sind. Es ist der Anstoss, damit wir uns auf den Weg machen. Und solange wir auf dem Weg sind, sind wir nicht angekommen. Viele Jahre waren wir bestimmt von der Philosophie, die besagte: der Weg ist das Ziel. Mit dieser Philosophie sind wir immer unterwegs, immer am Suchen, immer in Eile, nie wirklich ansprechbar. Alles ist im Fluss. Der Weg ist nie das Ziel. Aber der Weg führt zu einem Ziel. Und wenn wir nach Gott fragen und uns auf den Weg machen, dann ist das Ziel, bei ihm anzukommen – und die Bibel sagt uns, dass Gott uns entgegenläuft.

Das Ziel ist die Begegnung mit Gott und das Daheim-sein bei ihm und sein Wohnen bei uns.

Was also setzt uns in Bewegung, um Gott zu suchen? Wenn es die Sehnsucht in uns ist, aus dem Zerbruch zur Einheit zu finden, dann werden wir erfahren, wie uns Gott entgegenläuft. Er schenkt uns Einheit. Er heilt den Bruch zwischen uns und ihm, er heilt den Bruch, der uns vom Nächsten trennt und er heilt den Bruch, der durch uns selbst hindurchgeht.

Weihnachten – das heisst nicht nur: sich auf den Weg machen nach Bethlehem. Weihnachten heisst ankommen bei Gott und entdecken, er ist bereits bei uns. Jesus Christus, dessen Geburt wir heute feiern, ist der Emanuel: Gott mit uns. Angelus Silesius, der Mystiker des Mittelalters sagte: „Wär Christus tausendmal in Bethlehem geboren und nicht in dir – du gingest ewiglich verloren."

Wenn Jesus Christus so in Ihrem Herzen ankommt, Sie bewegt und in Ihnen Jubel und Freude freisetzt – dann, dann ist wirklich Weihnachten. Und das wünsche ich Ihnen von ganzem Herzen. Amen.

Martina Tobler-Oswald, 25.Dezember 2005

Lk 2, 13-20

Liebe Gemeinde,

Jesus ist geboren. Maria hatte von einem Engel von seiner Geburt und von deren Bedeutung erfahren. Sie hatte sich die Zeit genommen hinzuhören. Zu klären, was diese Geburt, diese neue Aufgabe für sie heisst. Am Heiligabend geschieht die Geburt, auf die Maria sich lange vorbereitet und mit der sie sich fest beschäftigt hat. Auch wir haben im Advent auf Weihnachten gewartet, geplant, uns gefreut, uns vielleicht auch Sorgen gemacht.

Jetzt ist Weihnachten da, der Heilige Abend war gestern. Wo stehen wir heute? Vielleicht war gestern grosser Betrieb, viel Besuch. Vielleicht war es ruhig, still. Frohe Gedanken, traurige Gedanken waren da. Gehen dem einen oder anderen von uns vielleicht noch nach. Und so war es, ist es Weihnachten für uns geworden. Für jeden in seiner eigenen Art.

Weihnachten geschieht für jeden von uns in einer eigenen Weise.

Wenn wir auf die Weihnachtsgeschichte hören, entdecken wir, dass Weihnachten auch vor etwa 2000 Jahren die Menschen in verschiedenster Weise berührt hat. Maria und Joseph, die nicht wissen, wo sie einen Platz, eine Unterkunft auf ihrer Wanderschaft finden können, wo Raum ist für sie und das kleine Kind, das geboren wird.

Dann hören wir von den Engeln, welche die Botschaft von Gottes Frieden, der den Menschen mit der Geburt Jesu geschenkt ist, mitgeteilt haben und von den Hirten, die diese Botschaft gehört haben.

Die Hirten haben die Botschaft von Gottes Frieden gehört...Hier möchte ich beginnen.

Was ist damit gemeint? Was haben die Hirten gehört? Und...Was kann diese Botschaft für uns bedeuten?

Mir scheint, wir können mit dieser Frage nach dem Frieden leicht in einen weihnachtlichen Erwartungsdruck geraten. In den Erwartungsdruck, dass an Weihnachten doch das eine oder andere besser wird, dass der weihnachtliche Friede in unsere Herzen und unsere Familien auch wirklich einzieht, die Beziehungen zum Besseren verändert, da oder dort glückliche Momente schenkt. Wir können erwarten, hoffen, dass sich Gottes Nähe gerade so oder anders auswirkt.

Wie sagen uns die Gestalten der Weihnachtsgeschichte?

Wir hören von den Engeln, wie sie mitteilen, was geschehen ist, singen, Freude weitergeben. Worte der Erfüllung geben sie weiter. Worte des Friedens, der Klarheit.

Wir hören von den Hirten: Wie sie hinzueilten, neugierig wissen und erfahren wollten, was geschehen war. Voll Freude wieder aufbrachen in ihren Alltag. Und vom Geschehen weitererzählten. Wie sie über das Geschehene staunten. Sie, die Menschen, die beinahe nichts hatten.

Und die doch frei waren, wahrzunehmen.

Und Maria? Was hören wir über sie?

Von ihr heisst es: „Maria aber behielt alle diese Worte und erwog sie in ihrem Herzen.“

Maria war aufmerksam. Sie hat Eindrücke gesammelt, sie ins Herz genommen. Und sie sucht den Schatz an Erfahrungen, an Freude, an Glück, das sie miterlebt hat, zu bewahren.

Sie geht der Kraft und Ruhe nach, die sie während des Engelsgesangs verspürte. Sie hat sich vielleicht gefragt, wo sie Gottes Frieden erfahren hat. Ebenso besinnt sie sich auf das Staunen der Hirten, dass ihr Herz berührt hatte. Vielleicht staunt sie selber neu. Über dieses neugeborene Kind, das so vieles in Bewegung setzt. Über die Engel, die sie plötzlich so nahe wahrnimmt. Waren sie sonst vielleicht auch da und sie hatte es nicht bemerkt?

Für Marias Aufmerksamkeit gibt es einen lateinischen Ausdruck: ruminatio. Im Herzen wiederkäuen, heisst das. Sorgfältig sich in das Wohltuende, Heilsame vertiefen. Es nicht verloren gehen lassen in der Unruhe, dem Lärm äusserer Geschehnisse, dem Druck des Alltags. Im Herzen wiederkäuen. (Wenn wir eine Kuh, ein Rind auf der Weide vor uns sehen, haben wir den Frieden dazu).

Und vielleicht wurde Maria auch hie und da das Herz schwer. Dass sie sich – trotz allem Engelsgesang – darauf besann, was wohl aus ihrem Kind, aus diesem so ganz besonderen Kind, werden würde. Ob es ein erfülltes, glückliches Leben vor sich hätte. Und vor allem: Wie ein Kind Frieden bringen könne. Und was sie als Mutter dazu beitragen könne oder müsse.

Auch bei uns können an Weihnachten unterschiedliche Gefühle im Herzen aufsteigen. Vielleicht mag auch uns an Weihnachten das Herz hie und da schwer werden. Vielleicht haben wir den Frieden von Weihnachten verspürt. Vielleicht suchen wir danach. Fragen uns, wo und wie wir Gottes Nähe wahrnehmen können. Was aus unseren Hoffnungen wird.

Und wie unsere Hoffnung wachsen könne. Wie wir uns selber, den Vorhaben, die uns am Herzen liegen, treu bleiben können. Vielleicht auch: Wie wir beidem gemeinsam: Uns selber und unseren Vorhaben treu bleiben können.

Maria ist im Lukas-Evangelium ein wichtiges Vorbild in Bezug auf den Glauben. Sie ist die Figur, die den Glauben darstellt, darauf hinweist, was Glauben bedeutet.

Maria ist ein Vorbild. Jedes von uns ist auf dem eigenen Wegstück am Lernen. Als eher angekommener Sohn oder als verlorener, suchender Sohn. Ob angekommen oder suchend - alle sind wir unterwegs im Vertrauen auf Gottes Liebe, die – so ist uns verheissen - uns aufnimmt, so wie wir sind.

Dazu erzähle ich Ihnen nun eine Geschichte. Es ist die Geschichte eines kleinen Jungen. Eine Geschichte, die von Erwartungen und von Hoffnung erzählt. Auch davon, wie das Herz auch an Weihnachten hie und da schwer werden kann.

Ein kleiner Junge hatte eine Flöte, die ihm sehr lieb war. Immer, wenn er Zeit hatte, blies er auf ihr, vom Morgen bis zum Abend. Einmal war er bei seiner Grossmutter zu Besuch. Sie erzählte ihm, ein grosser König käme bald zur Welt. Der kleine Junge wusste nicht, woher die Grossmutter das wusste, aber die Grossmutter wusste oft Dinge, die andere Menschen nicht wussten. Vielleicht weil sie so alt war? Jedenfalls – erzählte die Grossmutter weiter: Er, der kleine Junge, durfte dem grossen König dann, wenn er geboren war, auf der Flöte etwas vorspielen. Von da an übte der kleine Junge noch viel mehr, stellte sich voller Glück vor, wie er vor einem kleinen goldenen Bettchen dem König vorspielen werde. Er würde ihm eine eigene Melodie vorspielen, beschloss er. Und zwar eine, die ihm einmal beim Schafehüten in den Sinn gekommen war und die etwas Besonderes war. Nach einiger Zeit dann kam die Grossmutter zu dem kleinen Jungen und sagte ihm, der König sei nun geboren. Ob er nun mitkommen möchte? Ja natürlich!

Überglücklich und nervös holte der kleine Junge seine Flöte und packte sie ein. Aber wie verwundert war er, als die Grossmutter ihn zu einem einsamen Stall führte. Ein paar Hirten waren auch da. Aber der König doch wohl nicht? Doch, erklärte ihm die Grossmutter. Hier, in diesem Stall, war der König geboren. Masslos enttäuscht und wütend drehte sich der kleine Junge da um. Er hatte für einen König geübt! Er machte ein paar Schritte – und hörte ein kleines, feines Weinen. Unentschlossen blieb er stehen. Wieder hörte er das Weinen. Hatte der kleine König kalt? – Schliesslich fasste er sich ein Herz und trat doch in den Stall und sah ein kleines Kind im Stroh liegen. Etwas berührte ihn, er wusste nicht was. Er hob seine Flöte an die Lippen und begann zu blasen. Er spielte seine Melodie – und in diesem Stall tönte sie viel kraftvoller und reiner als je zuvor. So voller Frieden! Und doch war es seine Melodie. So hatte er sie sich eigentlich erträumt. Lag das vielleicht am König? – Was war das für ein König? Und: Hatte wirklich er so schön gespielt? Ganz verwundert und auch glücklich machte er sich auf den Heimweg. – Nachdem er ein Weilchen gegangen war, hörte er zwei Männer, die wütend um ein Huhn feilschten. Das passte jetzt doch nicht! Mit der Flöte wollte er einige wütende Töne dazwischenspielen. Doch da merkte er, dass dieser besondere Klang aus dem Stall wieder dabei war. Nicht mehr so rein, aber eine Erinnerung war geblieben. Trotz der Enttäuschung und Wut, die er wegen der streitenden Männer verspürte. Und trotz der Trauer, die er auch darum verspürte, weil er wusste, er selber würde mit seinem Bruder auch wieder streiten müssen. Aber jedenfalls: Die Erinnerung tat gut. Er würde seine Melodie weiter üben, beschloss er. Er musste ja weiter üben. Jetzt sowieso. Vielleicht konnte er seine Melodie auch ausbauen – die Wut und die Enttäuschung und die Freude und das Glück – alles war ja da in seinem Atem. Er kannte sich selber und seine Gefühle jetzt besser. Und vielleicht, wenn er fest an den König dachte, würde er zwischen den anderen Tönen auch wieder einmal diese Kraft, diese Reinheit in seiner Melodie finden, die ihm so wohlgetan hatte? Und so wandelte sich, wuchs seine Melodie, Tag für Tag. Immer tiefer schimmerte der Friede, den der kleine Junge damals im Stall erfahren hatte, hervor und tat den Menschen, die zuhörten, im Herzen wohl. Amen.

Bernhard Frey, 25. Dezember 2007

Liebe Gemeinde

wir haben Bilder von Weihnachten. Das beliebteste ist wahrscheinlich das Bild von der Weihnachtskrippe. Wer mit allen Figuren bestückt ist, kann dann dieses klassische Bild aufstellen, wobei Maria und Josef einen inneren Kreis bilden. Darum herum stellen Sie die Hirten auf, Ochs und Esel und natürlich die drei Weisen aus dem Morgenland. Aber ganz in der Mitte: da muss das Jesuskind in der Futterkrippe hingestellt werden. Dies ist das uns bekannteste „Weihnachtsbild".

Mir persönlich ist noch ein anderes Bild vertraut, ja sogar genau so lieb, weil es Weihnachten noch etwas anders darstellt: es gibt nämlich in den orthodoxen Kirchen, aber auch in der alten lateinischen Kirche sogenannte Ikonen, in denen Maria mit dem Kind dargestellt wird. Man sieht nur Marias Kopf, der über das Kind geneigt ist, ihm ganz nah. Das Kind trägt in diesen Darstellungen bereits die Züge eines erwachsenen Menschen, und über dem Kind neigt sich, wie gesagt, die Mutter über das Kind, eingehüllt in einen tiefblauen Mantel, der auch ihren Kopf bedeckt, und der Hintergrund ist manchmal golden, manchmal orange, die Mischung aus gelb und rot – diese Ikone drückt für mich etwas ganz Zentrales von Weihnachten aus, etwas, was wir im Grunde alle auch wichtig finden, aber aus einer gewissen Reserve der Marienfrömmigkeit gegenüber nicht allzu nah an uns heran kommen lassen möchten – leider, möchte ich sagen: diese Zusammengehörigkeit von Jesus und Maria. Allerdings dürfen wir aufgrund des biblischen Zeugnisses diese Zurückhaltung auch einmal ablegen, heute z.B., am Fest der Geburt Christi. Denn Maria, die „Magd des Herrn", ist ganz unzweifelhaft die Mutter des Herrn.

Von der Ikone ausgehend, welche ich Ihnen soeben beschrieben habe, möchte ich nun etwas Allgemeines zur Beziehung von Mutter und Kind sagen, auch etwas zu Maria als Mutter und Jesus als deren Kind.

Maria. Welch ein Name! Was klingt hier nicht alles an. Ich möchte es nicht aufzählen. Zu viel wurde über Maria geschrieben, zu himmlisch wurde sie dargestellt, zu vielfältig ist auch das Frauenbild, das in den jeweiligen Zeiten in diese Frau hineinprojiziert wurde: einmal war sie das Urbild einer Nonne, einmal war sie das Urbild der Mutter, einmal das Urbild der Frau, ähnlich wie Eva, und zuletzt wurde sie wieder von der feministischen Theologie entdeckt - als Urbild einer selbständigen Frau. Immer aber galt sie als die Mutter der Kirche, als Inbegriff des glaubenden Menschen. Tatsächlich können wir dies auch im Evangelium wiederfinden, etwa in dem Vers, den wir bereits gehört haben: „Maria aber behielt alle diese Worte und bewegte sie in ihrem Herzen." Maria glaubte dem Wort, das zu ihr gesprochen wurde, sie vertraute dem Wort, das der Engel über das Kind gesagt hatte: dass er der Retter, der Heiland sei. Diesen Glauben hatte Maria aufgrund der Botschaft des Engels. Und in diesem Glauben ist sie auch für uns eine grundwichtige biblische Gestalt geworden.

Aber wir sehen damit auch schon, dass Maria für sich gesehen nicht jemand Besonderes gewesen ist, sie war etwas Besonderes insofern, als alles, was sie glaubte und was von ihr gesagt werden kann, in Beziehung zu diesem Kind steht und mit dem sie eine Einheit darstellt, die Einheit von Mutter und Kind, wie sie am Anfang eines jeden Lebens steht, bei allen Kindern, bei allen Müttern – es sei denn, und das gibt es: dass eine Mutter ihr Kind nicht annehmen kann. Maria also definiert sich nicht von sich aus, sondern sie definiert sich über das Kind, über Jesus. Alles, was sie ist, ist sie durch dieses Kind Jesus, und durch Gott, dem sie vertraute. Und insofern ist sie auch für uns wichtig geworden. Offenbar so wichtig, dass die drei ersten Lieder des neuen Gesangbuches Vertonungen des Magnifikats sind, des Lobgesangs der Maria, den wir in der Weihnachtszeit so oft hören.

Maria ist Mutter, sie lobt Gott dafür, dass er sie auserwählt hat, die Mutter des Herrn zu sein. Heute, wenn es darum geht, ob ein Paar ein Kind haben möchte, wird dies nicht immer so gesehen. Heute ein Kind zu bekommen ist für viele Frauen in unserer Gesellschaft, auch für viele Männer, die dann ja Vater werden, eine eher knifflige Angelegenheit. Man möchte doch gerne ein Kind, aber nicht zu früh, jedenfalls nicht jetzt. Dass es keine einfache Entscheidung ist, ob ein Kind geboren werden soll, spiegelte sich neulich in einem Interview, das im Heftchen „TV täglich" abgedruckt war.

Dem Schauspieler Hajo von Stetten wird darin die Frage gestellt: „Ihre Frau, Elisabeth Romano, hat den Beruf als Schauspielerin zugunsten Ihrer Kinder zurückgestellt?" Seine Antwort: „Ich bewundere sie sehr dafür. Meiner Frau war es wichtig, in den ersten Lebensjahren zu 100% für unsere Kinder da zu sein. Aber jetzt will sie so langsam wieder arbeiten. Ich, als Vater und Ehemann, bin davon überzeugt, dass die Baby-Frage für berufstätige Frauen, besonders in unserem Metier, heute sehr schwer zu lösen ist."

Nächste Frage: „Hat sich Ihr Leben durch die Ehe geändert?"
Antwort: „Nein, was *tatsächlich* einen Unterschied macht, ist, ob man mit seiner Frau alleine lebt oder mit Kindern. Das ist ein Riesenunterschied. Man hat viel weniger Zeit füreinander. Man hat weniger Zeit für die eigenen Geschichten, man hat weniger Zeit für die Zweisamkeit. Man muss sich viel besser organisieren. Sobald in einem Leben Kinder da sind, wird der Rhythmus erst mal vorgegeben."

Diese Stimme steht für die Stimme von sehr vielen Menschen, die ähnlich denken, ähnlich empfinden. Mutter sein wird als ein Engagement gesehen, das einen Bruch nach sich zieht. Der berufliche Werdegang wird durch die Geburt eines Kindes unterbrochen oder gar abgebrochen, und wie der Schauspieler weiter sagt: auch die Beziehung zum Partner, zur Partnerin wird anders, was viele davon abhält, ein Kind zu bekommen, weil ihnen die Beziehung wichtiger ist.

Maria als Mutter: sie fühlte sich auserwählt, dieses Kind zur Welt bringen zu dürfen. Aber auch sie hatte Schwierigkeiten, musste sich auf das Mutterwerden einstellen, musste sich abmühen, musste Verletzungen hinnehmen, nicht zuletzt später von ihrem eigenen Kind, als es erwachsen wurde: Jesus blieb nicht in der Symbiose mit der Mutter, er blieb nicht in der Einheit mit seiner Mutter, wie es auf alten Ikonen so schön dargestellt wird, er wandte sich von seiner Mutter ab: aber er *hatte* jedenfalls diese Einheit, diese Geborgenheit, und jedes Kind hat sie, hoffentlich.

Ein Kind, und damit kommen wir von der Mutter weg zum Kind: ein Kind braucht seine Mutter. Das Kind kann gar nicht leben ohne seine Mutter, es ist ganz abhängig von ihr. Ein Kind, das keine Nahrung von seiner Mutter bekommt, stirbt. Ein Kind, mit dem nicht mehr gesprochen wird, stirbt ebenfalls. Jesus hatte eine Mutter, er war das Kind seiner Mutter, so wie wir alle einmal das Kind unserer Mutter gewesen sind. Und dass dies an Weihnachten wieder hervor kommt, jedes Jahr, das können wir nicht übersehen, und das ist ja auch wichtig für das Verständnis von Weihnachten.

Denn an Weihnachten geht es darum, dass Jesus, Gottes Sohn, indem er als Kind zur Welt kam, *das Menschsein angenommen hat*. Indem Jesus Kind wurde, nahm er, um es biblisch auszudrücken, „unser Fleisch" an. In Joh.1 heisst es: „Und das Wort ward Fleisch" – auf der grossen

Glocke unseres Herisauer Geläutes ist dieses Wort aus dem Johannesevangelium in lateinisch aufgegossen: verbum incarnatum est. So ist unsere grosse Glocke auch eine Weihnachtsglocke.

Zur Menschwerdung von Gottes Sohn gehört, dass er von einer Frau geboren wurde, dass er eine Mutter hatte, dass er von ihr genährt, gewickelt, erzogen wurde usw. – seine Geburt von Maria, seiner Mutter, ist das Zeichen für seine vollkommene Menschwerdung. Und so wie er das Kind seiner Mutter war und alles, was das Menschsein ausmacht, auf sich genommen hat, so ist er für uns zum Erlöser geworden.

Liebe Gemeinde, Mutter und Kind, Jesus und Maria gehören zusammen – das ist eine der zentralen Aussagen der Weihnachtsbotschaft. Wir wollen uns das heute wieder einmal beherzigen. Es ist doch ein schönes Bild, ich meine jene Ikone von der Mutter Gottes, wie Maria auch genannt wird, und ihrem Kind, Jesus, Gottes Sohn – diese Nähe der beiden zu einander.

Und Jesus – Inbegriff eines Kindes, wie uns alle Weihnachten wieder ins Gedächtnis gebracht wird: er war wirklich Kind, Kind, das diesen Namen verdient hatte – nicht Kind, das organisiert wurde, er war nicht Kind, das seine Zeit alleine verbringen musste - er war ein Kind, das sich entfalten konnte, das frei war – so dürfen wir doch annehmen – Jesus war eingebettet in eine Familie. Und angefangen hatte es mit dieser so engen Beziehung zu seiner Mutter, die ihn auf dem Schoss trug, das Gesicht über ihn geneigt, als Symbol für die Einheit von Mutter und Kind.

Liebe Gemeinde, wir können nun diese Einheit von Mutter und Kind, wie sie jetzt beschrieben wurde, nicht einfach zur Vorgabe für junge Menschen machen, die, schwer genug, ihren Weg finden müssen. Aber wir dürfen heute am Weihnachtstag dieses Bild von Jesus, der von Maria getragen wird, auf uns wirken lassen – eigentlich müssten doch *wir* es wieder werden, die Jesus, sein Wort, ganz nah bei uns haben, in unseren Herzen tragen, so wie Maria, von der es heisst: „sie aber behielt alle diese Worte und bewegte sie in ihrem Herzen". Amen.

Thomas Scheibler, 10. Januar 2010

Psychiatrisches Zentrum Appenzell Ausserrhoden, Herisau

Matthäus 2,1-12

Vom Primarschulkind bis zu den künstlerisch Begabten: Wie bringt doch, sie alle, diese Geschichte dazu, sie selber zu zeichnen, zu malen, zu formen, zu schnitzen, sie in Musik zu verwandeln, kurz, sie in eigenen Worten zu erzählen. Matthäus, der Evangelist, hat sie einmal erzählt bekommen: „Mit der Geburt Jesu Christi aber verhielt es sich so:...“. Was er gehört hat, hat er aufgeschrieben, diese Geschichte von Joseph und seiner Maria, die auf einmal schwanger ist, und Joseph weiss nicht, von wem; diese Geschichte vom Despoten Herodes, der sich das geborene Kind zum Todfeind macht; diese Geschichte von Mord und Totschlag von Anfang an; die Geschichte von einer Flüchtlingsfamilie, und sicher nicht von der einzigen; von einer Rettung und Bewahrung, aber von Anfang an im Schatten der späteren Kreuzigung; und nun eben auch die Geschichte von den – wie heisst sie doch wieder: den drei Königen? Von der „Huldigung der Sterndeuter“ (Zürcher Bibel)? Von den „Weisen aus dem Morgenland“ (Lutherbibel)? Jedenfalls: Von Anfang an haben wir es mit einer Geschichte zu tun, die so gross ist wie die Welt und so weit wie der Himmel mit Sonne, Mond – und dem Stern. Und so ist sie immer neu und anders erzählt, gehört, verstanden worden.

Aber die Augen bleiben immer auf diesem Kind, diesem „neugeborenen König der Juden“. Ihn suchen diese Sterndeuter, Weisen, Magier, wie's im Griechischen heisst; und das besuchte Kind, das der Stern über ihnen als Judenkönig bestätigt, und die edlen Geschenke, die sie ins Geburtshaus nach Bethlehem mitbringen, das hat aus ihnen später selber Könige gemacht, und sie sind noch später mit der schönen heiligen Zahl Drei geschmückt worden. Diese Könige haben dann auch schöne Namen bekommen, Kaspar, Melchior, Balthasar; einer von ihnen hat eine dunkle Haut bekommen.

So ist diese Geschichte erzählt und ausgeschmückt worden. Aber der Erzählfaden bleibt dabei immer verknüpft mit Joseph und Maria, ihrem Kind. Auch der Stern auf seinem Weg muss diesem Erzählfaden folgen, so wie das hier genau beschrieben wird: Er hat seinen bestimmten Dienst, nämlich am nächtlichen Himmel für alle Länder sichtbar zu werden, auch für die Menschen im fernen Afrika. Und der Stern hat seine bestimmte Aufgabe, sogar diese Astrologen aus Asien zum neugeborenen Kind zu führen: zum König, in irgendein gewöhnliches Haus, nicht in der Hauptstadt, sondern ins Städtchen Bethlehem ausserhalb. Die Hauptstadt, das Machtzentrum, wird später der Ort sein, wo das erwachsene Kind hingerichtet wird. Das Kind bestimmt das Schicksal von diesem Stern, nicht umgekehrt. Das Kind ist da, und der Stern wandert zu ihm. Darum zeichnet ein Kind heute ein Gestirn, das wandern kann, einen Kometen.

Die Geschichte von den Weisen aus dem Morgenland ist von Anfang an gemalt in allen Farben der Weltgeschichte. Auch den finsteren, blutigen, den Farben von Angst und Schrecken: die Flucht nach Ägypten, die Flucht vor dem schaurigen Gewaltmenschen und seinen Helfershelfern, die in Bethlehem unter den kleinen Kindern ein Massaker anrichten... Mitten in all diesem unsinnigen Geschehen, wo wir auch als Bibelleser nur ohnmächtige Zeugen sind, wird der König der Juden geboren. Joseph „tat, ...wie der Engel des Herrn ihm befohlen hatte“ und gibt ihm den Namen Jesus, wie ein Neugeborenes Hans, Walti oder Ruedi heissen kann.

Das ist keine geringe Rolle, die Joseph hier bekommt. In der Namensgebung von Jesus gibt sich Gott in die Welt von Terror und Krieg, und in die Welt einer jungen Familie: Joseph, Maria, Jesus. Gott will bei ihnen, in ihrem von Anfang so unsinnig bedrohten Leben unter uns sein. Eine Namensgebung zum Verwechseln ähnlich mit anderen, wo ein Kind den Namen Lea, Anna oder Rahel bekommt. Joseph kommt auf den Namen Jesus. So will Gott unter uns sein, das ist sein Geheimnis.

Wir können es nicht fassen mit unserem Verstand, aber es umfasst uns. Wo das geschieht, da ist, wie wir so sagen, ein Kommen und Gehen vor uns und um uns herum. Das ist nie zu fassen, nie mit Händen zu greifen, und mit diesem Kommen und Gehen ist nie im Voraus zu rechnen. In dieser Geschichte ist auch ein Kommen und Gehen, in der Gestalt eines Engels. Mindestens viermal kommt und geht er, im Traum, wo ja auch nichts mit Händen zu greifen ist. Herodes, ein Tyrann wie er „liess... alle Knaben bis zum Alter von zwei Jahren umbringen"; er macht die alltägliche Welt mit seinem Auftritt kaputt und macht das Leben zu einem Albtraum für Kinder und Eltern. So zeigt er seine Macht. Gott zeigt seine Macht hier in Träumen. Schnell füllt ein Traum die ganze Leinwand unserer Seele, ebenso schnell verfliegt, verschwindet er wieder und geht vergessen, nur ein Bruchteil kommt uns noch in den Sinn, wenn wir aufwachen. Das ist sozusagen das Medium, das Gott braucht für sein Wort. Nur so mächtig, aber *so* mächtig handelt Gott unter uns.

Was Joseph vernimmt, was er aufnimmt, das kann er nicht einmal speichern. Antwort geben, also aufstehen, zu Maria gehen, ihr sagen, dass er ihr Mann sein und das Kind aufziehen wolle, wenig später: dass es höchste Zeit ist zum packen und flüchten – und später, nach Kindermord und Tyrannentod, wieder Zeit ist, nachhause zu gehen, diesmal nach Nazareth – das ist es, was er auf das Traumwort tut, bevor er's vergessen hat.

Nicht anders geht es bei den Weltweisen aus dem Morgenland. Nicht mehr dem Stern nach geht es bei ihnen weiter, der gross und schön am Himmel sich bewegt. Und nicht dem Tyrannenwort folgen sie, „im Traum angewiesen, nicht zu Herodes zurückzukehren". Sie gehen jetzt dem Wort nach, das sie im Traum empfangen haben, anfällig für Skepsis, Zweifel, Vergesslichkeit und alle möglichen Deutungen. Auf dieses Wort aber sind sie aufgestanden. Auf die Macht hin, die dieses Wort im Traum zu einem Machtwort für ihr weiteres Leben macht. Sie brauchen keinen Stern mehr, und sie sind keine Juden und keine Christen. Sie gehen dem Wort nach, „auf einem anderen Weg heim in ihr Land". Unterwegs werden sie vernehmen und entdecken, was ihnen dieses Wort von einem Tag auf den andern sagen will. Vernehmen und entdecken: Das sage ich auf ein Vertrauen und auf eine Hoffnung hin. Ich kann nicht mehr tun als wir alle können: auf eine Hoffnung setzen, dass Engel kommen und gehen, die uns, in einem Traum vielleicht, deutlich sagen: Das wird, und hier wird dein, wird unser nächster Schritt sein. Mitten durch diese Zeit. Ein nächster Schritt kann heissen: sich an den Stern erinnern, der zum Kind, zu Jesus, zum Mann aus Nazareth führt. Der Stern ist ein grosses Licht. Und wir sind vielleicht nur Kerzen, flackrige Lichter. Aber das reicht, um aufzustehen.

Michael Seitz, 24. Dezember 2010

Psychiatrisches Zentrums Appenzell Ausserrhoden, Herisau

Vor den hohen Feiertagen wird im Wohn- und Pflegezentrum (WPZ) Krombach ein ökumenischer Gottesdienst gefeiert. Die Predigten sind kurz. Meist übernehmen der katholische und der reformierte Seelsorger je einen kurzen Teil. Denn wir wollen uns ja auch noch Zeit nehmen für die gemeinsame Abendmahlsfeier.

Die Gottesdienste haben sozusagen einen familiären Rahmen. Es sind aber keine Nischenveranstaltungen. Es kommen nicht wenige Besucherinnen und Besucher aus der Umgebung, die die Atmosphäre dieser Gottesdienste schätzen. Es kommen meist sehr regelmässig Bewohnerinnen und Bewohner des WPZ und des Wohnheims und nicht zuletzt natürlich Patientinnen und Patienten der verschiedenen Stationen des Psychiatrischen Zentrums, die hier eine längere oder kürzere Zeit verbringen.

Hier wird Oekumene gelebt: Die Seelsorger besuchen die Menschen nach Stationen. Eine Konfessionsliste brauchen sie nicht. Und wenn es keinen ökumenischen Gottesdienst gibt, besuchen viele den katholischen Gottesdienst am Samstag und den reformierten Gottesdienst am Sonntag.

Die ökumenischen Gottesdienste werden vor den hohen Feiertagen gefeiert. Der Weihnachtsgottesdienst findet immer um 16.15 Uhr am Heiligen Abend statt. Es ist wichtig, dass alle Besucherinnen und Besucher vor dem Gottesdienst persönlich begrüsst werden. Am 24. Dezember 2010 wurde ihnen dabei eine kleine Feder überreicht, die sie während des Gottesdienstes in ihren Händen halten konnten.

Matthäus 1, 18 – 25

Wenn uns ein Engel auf der Erde federleicht berührt

Liebe Gemeinde
Sie halten eine kleine Feder in der Hand. Sie ist leicht. So leicht, dass sie sich kaum in der Hand halten lässt. Nur ein Luftzug und sie fliegt davon! So eine Feder ist etwas Wunderbares: Sie wärmt den Vogel. Sie wärmt auch uns, wenn wir eine Daunenjacke anziehen oder uns mit einer Bettdecke zudecken.

Federn sind so leicht gebaut, dass der Vogel fliegen kann. Federn sind Wunderwerke! Die Flugfedern an den Flügeln der Vögel sind so gebaut, dass sie der Luft nur ganz wenig Widerstand leisten.

Engel gehören zur Weihnachtsgeschichte: Der Engel Gabriel besucht Maria und sagt ihr, dass sie schwanger werden wird. Josef träumt immer wieder von Engeln. Ein Engel sagt ihm, dass er bei Maria bleiben soll. Ein anderer Engel sagt ihm immer wieder im Traum, dass er mit seiner Familie nach Ägypten fliehen soll.

Engel haben Flügel. Sie sind beschwingte Wesen, sie sind nicht von unserer Welt!

Gibt es überhaupt Engel?

Wo sind die Engel, wenn das Leben erdenschwer wird?
Wo sind die Engel, wenn uns die Flügel gestutzt werden?

Die Weihnachtsgeschichte ist keine beschwingte Geschichte, trotz der vielen Engel. Die Weihnachtsgeschichte ist erdenschwer: Das Kind kommt zur Unzeit zur Welt, ausgerechnet als alle Welt wegen einer Volkszählung unterwegs ist. Der Mann will seine Verlobte verlassen, weil sie schwanger ist. Da braucht es schon einen Engel, damit das nicht auch noch passiert! Und schliesslich ist die ganze Familie auf der Flucht.

Auf der Flucht mit einem Kleinkind, schlimmer geht es wohl nicht. Da braucht es wieder einen Engel, damit sich die Familie auf den Weg macht. Der Engel hat seine liebe Mühe mit Josef, bis er endlich begreift, was die Stunde geschlagen hat.

Immer wieder begegnen den Menschen der Weihnachtsgeschichte Engel. Das Leben wird ihnen dadurch aber nicht leichter. Die Bäume wachsen nicht in den Himmel. Das Leben wird nicht federleicht, weil die Engel zu den Menschen kommen. Und doch wird alles anders.

Die kleine Feder in der Hand möchte uns daran erinnern: Manchmal, wenn das Leben erdenschwer ist, begegnen uns Engel. Das Leben wird dann nicht federleicht, aber alles wird anders. Viel braucht es nicht: Vielleicht einen Menschen, bei dem wir uns verstanden fühlen, ein Besuch, auf den wir uns schon lange freuen, eine Überraschung, die gelingt, ein schön gedeckter Tisch, der Festfreude aufkommen lässt, eine Weihnachtskarte, die uns Jahr für Jahr von einem lieben Menschen geschickt wird, vielleicht eine Melodie, die uns immer wieder in den Sinn kommt und die uns durch den Tag begleitet, vielleicht das Gefühl, dass Menschen an uns denken, auch wenn sie weit weg leben.
Das Leben wird dadurch nicht leichter.
Aber alles wird anders. Amen.

Mark Hampton, 26. Dezember 2011

Johannes 1,18

Niemand hat Gott je gesehen. Als Einziggeborener, als Gott, der jetzt im Schoss des Vaters ruht, hat er Kunde gebracht.

Die Klatsch-Presse lebt davon, uns das Gefühl zu geben, hinter die Fassade der Promis blicken zu können. Die Leserschaft soll den Eindruck haben, das Wesen der Berühmtheiten dieser Welt zu kennen. Bei einem Besuch eines Kiosks wird einem auch bewusst, wie viel Interesse Klatsch-Tratsch-Journalismus geniesst. Ansonsten würde es ja nicht so viele verschiedene „Heftli" geben!

Dabei übersehen wir allzu schnell, dass wir niemanden richtig kennen lernen können, ohne die Bereitschaft des Gegenübers sich uns gegenüber zu öffnen. Voyeurismus führt zu keiner echten Beziehung. Selbst wenn wir meinen, viele Fakten über eine andere Person zu wissen, heisst das schon lange nicht, dass wir jemanden wirklich kennen oder dadurch gar eine Beziehung entsteht.

Nur wer sich zeigt, wer sich offenbart, gibt die Möglichkeit, dass eine Beziehung entstehen kann. Wer sich öffnet, der zeigt etwas von seinem wahren Selbst, wird transparent, macht sein Inneres für andere zugänglich und macht sich entsprechend auch verletzlich.

Im Vorwort des Johannesevangeliums finden wir ganz ähnliche Gedanken. Das Johannesevangelium erzählt über den Gott, der sich zeigt, der sich öffnet und sich verletzlich macht. Das Vorwort dieses Evangeliums schliesst mit den Worten unseres heutigen Predigttexts ab: „Niemand hat Gott je gesehen. Als Einziggeborener, als Gott, der jetzt im Schoss des

Vaters ruht, hat er Kunde gebracht." (Joh. 1,18). Dazu drei Überlegungen:

1. Das Johannesevangelium geht - im Einklang mit der jüdisch-christlichen Überlieferung - davon aus, dass niemand Gott je gesehen hat. Wer Gott ist, kann kein Mensch wissen. Darüber weiss der Gelehrteste und Gescheiteste nicht mehr als der einfachste Zeitgenosse. Wohl wohnt in uns ein Gefühl von etwas, das höher ist als wir selbst, eine Ahnung von einer Macht, die alles, was ist, belebt. So wie es im Landsgmeindslied heisst: „Alles Leben strömt aus dir!" Aber wer kann sagen: Ich weiss, wer Gott ist? Ich weiss, was er will und vorhat? So viel wissen wir von Gott: Er ist das grosse Geheimnis! Ist das aber alles, was das Johannesevangelium zu berichten weiss?

2. Zwar nimmt Johannes keinen direkten Bezug auf die damaligen bekannten Darstellungen der Geburt Jesu, und doch will er uns auf das hinweisen, was nicht im Stall zu sehen war. Er will unseren Blick auf das lenken, was tiefer liegt im Leben Jesu. Nämlich dass dieses Kind aus zwei Schossen hervorgegangen ist: dem seiner Mutter und dem seines himmlischen Vaters. So steht es jedenfalls in der Vorstellungswelt unseres Textes. Denn bevor Jesus als Erstgeborener seiner Mutter zur Welt kam, war er schon von Ewigkeit her der Sohn Gottes. Das Johannesevangelium vertritt die Meinung: Um Jesus verstehen zu können, müssen wir diese Vorgeschichte in Betracht ziehen. Wir müssen tiefer schauen und in alle Ewigkeit hinein blicken.

In unserer Bibel finden wir die vier Evangelien, die durch eine erstaunliche Einheit und eine deutliche Vielfalt gekennzeichnet sind. Jeder Evangelist erzählt auf seine Weise über Jesus und seine Bedeutsamkeit für uns Menschen. Wer die Eröffnung der Evangelien liest und sie miteinander vergleicht, sieht mit welch unterschiedlichen Vorstellungen und Anliegen die Schreibenden gearbeitet haben. Die Worte und Bilder, die Johannes verwendet, waren lang Gegenstand von verschiedenen Spekulationen. Seit der Entdeckung der Schriften von Qumran sowie der Sammlung von Nag Hammadi ist deutlich geworden, dass Johannes auf eine sehr verständliche Weise für seine Welt schreibt. Mit dem Vorwort benutzt Johannes Begriffe und Konzepte, die in vielen Kreisen bestens bekannt waren.

3. In Jesus öffnet sich der geheimnisvolle, unsichtbare Gott und tritt uns entgegen. In der biblischen Überlieferung ist ein Prophet jemand, der ein Wort von Gott hat; Jesus wird aber nicht als Prophet verstanden, sondern er ist selbst das Wort Gottes, der Logos. Propheten waren Sprachrohre Gottes, seine Werkzeuge. Gott selber aber blieb dabei verborgen. Kein Prophet durfte sagen; Sieh mich an, dann weisst du, wie Gott ist. Kein Mensch kann mehr sein als Prophet. Als Wort Gottes ist Jesus mehr als ein Prophet. Mit seinen einleitenden Worten lenkt Johannes die Aufmerksamkeit der Lesenden auf das, was ihm wichtig ist und gibt uns gleich die Perspektiven, die notwendig sind, um diesen Jesus zu verstehen und ihm zu vertrauen. Alles nur Klatsch und Tratsch eines Evangelisten?

Zu Weihnachten schicken wir uns als Familie via Post zwischen Schweiz und USA jeweils kleine Geschenke. Letzte Woche hat es bei uns an der Pfarrhaustüre um 07:10 Uhr geklingelt. Der Pöstler war da mit einem Express-Paket aus den USA. Es war schön, ein Zeichen der Verbundenheit zu empfangen. Solche Momente tun gut, denn jemand hat sich die Mühe genommen, um ein Zeichen zu setzen. Ich musste aber schon noch daran denken, wie viel schöner es gewesen wäre, wenn nicht der Postbote hinter der Türe gestanden wäre, sondern der Verwandte selber! Welch ein Weihnachtsgeschenk wäre das, wenn wir von Angesicht zu Angesicht zusammen sitzen, reden und lachen könnten!

Etwas Ähnliches erzählt uns unser heutiger Predigttext. Gott schickt nicht irgendeinen Boten mit irgendeinem Geschenk, sondern er kommt selber in der Person von Jesus zu uns. In ihm hat Gott sich selber gezeigt, sich offenbart, und auf diese Weise verwandelt er unser Leben. Dies ist die Freude des Weihnachtsfestes: Gott kommt zur Welt, um unserer Verunsicherung, unserer Verlassenheit ein Ende zu setzen. Er sendet keine Boten, sondern er kommt selber, um sich zu erklären, um sich uns zu offenbaren, auf dass wir Gottes Kinder werden.

Wie soll das möglich sein, dass Gott als Mensch zu uns kommt? Das weiss ich nicht! Ich weiss nicht einmal, wie es möglich ist, dass Leben entsteht oder wie ein Mensch wird. Wie viel mehr ist die Menschwerdung Gottes ein Geheimnis! Amen.

Kurzbiographien der Pfarrerinnen und Pfarrer

Paul Brütsch wurde geboren am 20. April 1925. Er studierte in Zürich, Tübingen und Basel und wurde am 21. November 1954 in Schaffhausen ordiniert. Von 1954–1962 war er Pfarrer in Buch, Schaffhausen. 1962-1990 war er als Pfarrer in Herisau tätig.

Willy Hirzel wurde geboren am 29. Oktober 1927. Er studierte in Zürich und Bern und wurde am 13. November 1955 in der Stadtkirche Winterthur ordiniert. Von 1955-1959 war er Pfarrer in Kirchberg, St. Gallen und von 1959-1992 in Herisau. Er verstarb am 27. Dezember 1998.

Dorothee Dettmers Frey wurde am 20. Juli 1953 in Hannover geboren. Sie studierte in Göttingen, Zürich und Tübingen und wurde am 2. Oktober 1983 in Mettmenstetten, Zürich, ordiniert. Von 1989–2003 war sie Pfarrerin in Herisau mit Schwerpunkt Heimseelsorge. Seit 2000 ist sie Seelsorgerin im Betreuungszentrum Heiden.

John Vischer wurde geboren am 4. April 1965. Er studierte in Zürich und Basel mit einem Zwischenjahr in Edinburgh. Er wurde 1992 in der Zürcher Landeskirche ordiniert. 1998–2005 war er Pfarrer in Herisau. Heute arbeitet er als Pfarrer in der presbyterianischen Kirche Schottlands in Haddington.

Regula Menges-Bachmann wurde am 27. Juli 1959 in Winterthur geboren. Sie studierte in Zürich und wurde am 27. Oktober 1985 in Zürich-Wollishofen ordiniert. Sie arbeitete von 1985–1992 als Pfarrerin in Glattfelden, Zürich. Sie studierte Rechtswissenschaft an der Universität St. Gallen und liess sich zur Mediatorin SDM-FSM ausbilden. Von 1999–2011 war sie Pfarrerin in Herisau. Seit 2012 ist sie freiberuflich als Theologin und Mediatorin tätig.

Rainer Ebeling wurde geboren am 22. Januar 1949. Er studierte in

Hamburg, Rüschlikon und Zürich. Bis 1987 war er Prediger in verschiedenen Baptistengemeinden. Von 1987–2003 war er als Pfarrer in St. Gallen-Straubenzell tätig. 1995 promovierte er an der Theologischen Fakultät der Universität Zürich. 2003–2009 versah er teilzeitlich Pfarrstellvertretungen in Schwellbrunn, Herisau, Trogen und Speicher. Heute ist er freischaffender Theologe mit Lehraufträgen u.a. an der Evangelisch-theologischen Fakultät in Zagreb sowie an der University of South Africa.

Martina Tobler Oswald wurde geboren am 10. Juni 1973. Sie studierte in Zürich und Genf und wurde 2000 in der Zürcher Landeskirche ordiniert. Von 2004-2009 war sie Pfarrerin in Herisau mit Schwerpunkt Heimseelsorge. Seither versieht sie pfarramtliche Stellvertretungen.

Bernhard Andreas Frey wurde am 26. Mai 1953 in Mollis geboren. Er studierte in Zürich, Tübingen und Montpellier und wurde am 26. Oktober 1980 in Zürich-Neumünster ordiniert. Er war von 1981–1989 Pfarrer in Sternenberg, Zürich. Seit 1989 ist er als Pfarrer in Herisau tätig.

Thomas Scheibler wurde am 28. März 1945 in Basel geboren. Er studierte in Basel, Heidelberg und Zürich und wurde am 15. November 1970 in Muttenz, Baselland, ordiniert. Als Pfarrer war er tätig von 1970-1976 in Tenniken-Zunzgen, Baselland, von1976-1978 in der Evangelischen Stadtmission und in der Kirchgemeinde St. Johannes Basel, 1978-1987 in St. Gallen-Straubenzell, 1987-1994 in Goldach, St. Gallen, und 1995-2010 als Seelsorger im Kantonalen Spital und im Psychiatrischen Zentrum Appenzell Ausserrhoden in Herisau. Seit 2010 ist er pensioniert.

Michael Seitz-Hofer wurde am 30. September 1959 in Bremen geboren. Er studierte in Basel und Bern. Er wurde am 20. Februar 1994 im Berner Münster ordiniert. Er war als Gemeindepfarrer in Frutigen, Wiler bei Utzenstorf und St. Gallen tätig. Seit 2010 ist er Spitalseelsorger im Psychiatrischen Zentrum Appenzell Ausserrhoden und im Kantonalen Spital Herisau.

Mark William Hampton wurde am 8. September 1959 in den USA geboren. Er studierte in Manchester, England. Während mehrerer Jahre war er als Theologe in einer Täufergemeinde sowie als Jugendsekretär für den Bund Evangelischer Täufergemeinden tätig. Er wurde am 13. November 2005 in Hinwil, Zürich, ordiniert. Seit 2006 ist er Pfarrer in Herisau.

Printed by Books on Demand GmbH, Norderstedt / Germany